心一堂術數古籍珍本叢刊

書名：蔣大鴻嫡傳水龍經注解 附 虛白廬藏珍本水龍經四種（十）
系列：心一堂術數古籍珍本叢刊 堪輿類 蔣徒張仲馨三元真傳系列 第二輯 196
作者：【清】蔣大鴻編訂、【清】楊臥雲、汪云吾、劉樂山註
主編、責任編輯：陳劍聰
心一堂術數古籍珍本叢刊編校小組：陳劍聰 素聞 梁松盛 鄒偉才 虛白盧主

出版：心一堂有限公司
通訊地址：香港九龍旺角彌敦道六一〇號荷李活商業中心十八樓〇五—〇六室
深港讀者服務中心·中國深圳市羅湖區立新路六號羅湖商業大厦負一層〇〇八室
電話號碼：(852)67150840
網址：publish.sunyata.cc
電郵：sunyatabook@gmail.com
網店：http://book.sunyata.cc
淘寶店地址：https://shop210782774.taobao.com
微店地址：https://weidian.com/s/1212826297
臉書：https://www.facebook.com/sunyatabook
讀者論壇：http://bbs.sunyata.cc/

版次：二零一七年七月初版
平裝：十冊不分售

定價：港幣 二千八百元正
新台幣 一萬零八百元正

國際書號：ISBN 978-988-8317-46-2

香港發行：香港聯合書刊物流有限公司
地址：香港新界大埔汀麗路36號中華商務印刷大厦3樓
電話號碼：(852)2150-2100
傳真號碼：(852)2407-3062
電郵：info@suplogistics.com.hk

台灣發行：秀威資訊科技股份有限公司
地址：台灣台北市內湖區瑞光路七十六巷六十五號一樓
電話號碼：+886-2-2796-3638
傳真號碼：+886-2-2796-1377
網絡書店：www.bodbooks.com.tw
台灣國家書店讀者服務中心：
地址：台灣台北市中山區松江路二〇九號一樓
電話號碼：+886-2-2518-0207
傳真號碼：+886-2-2518-0778
網絡書店：http://www.govbooks.com.tw

中國大陸發行 零售：深圳心一堂文化傳播有限公司
深圳地址：深圳市羅湖區立新路六號羅湖商業大厦負一層〇〇八室
電話號碼：(86)0755-82224934

心一堂微店二維碼

心一堂淘寶店二維碼

水龍經第三卷

此卷水龍天星垣局。乃伏龍山人董遇元述景純氏之言而作者也。董君不知何代人。其圖三十六穴。上應天星。而每局括以四言十六字。中有駙馬儀賓京堂等語。乃本朝物色。其為近代之人所撰。有明徵矣。而品列星占。隱奧不猥。苟非博綜象緯窮探甘石之學者。豈能望其涯涘。雖不出於景純氏。抑亦景純氏之流亞歟。至於撰句選辭。典博遒麗。卓乎大雅之為。予考楊公以還。地理之家。鮮能文之士。惟元賴布衣。蓋以奇才而生蒙古之運。佯狂詩酒。晦跡其中。每有詠歌。天才爛發。見於會稽諸鈐

蔡鑒堂傳

可徵也予向以為賴公之才此中無與比者不意又得此巻形家者流何其多才歟至其所論天星但取水形相似連類以求葢非無本古語不云乎在天成象在地成形地有斯形實與天象遥相應合豈傳會哉以此明天星垣局與世人所傳二十四方道各分星躔者奚啻霄壤葢地有定位天無定位雖有十二次舍不可謂即地之二十四干支也故天星之説古今所尚而予獨以為無徵考之已往幾見翰林學士定出巽辛萬里封侯必主庚震即歷代帝王發迹之地亦未嘗盡屬三垣來龍也故知方位之合天星不若形象之有據矣予之存此書葢將尊其名

廣其義以顯水龍作用之大使學者知所崇重以匹乎山龍不分軒輊耳三垣九野列宿甚多而名川三百枝川三千水之為數亦不可紀極即如山龍亦安能一一舉天星而比擬之哉必執天星以論水局必取合天星之水局而後知尊且貴則又拘墟之見而非得天機妙用者也此卷雖存學者毋以文害志可也

大鴻氏筆記

家秘本

水龍第三卷

龍頷藏珠賢輔所生

上應華蓋蓬隨曲衡

華蓋

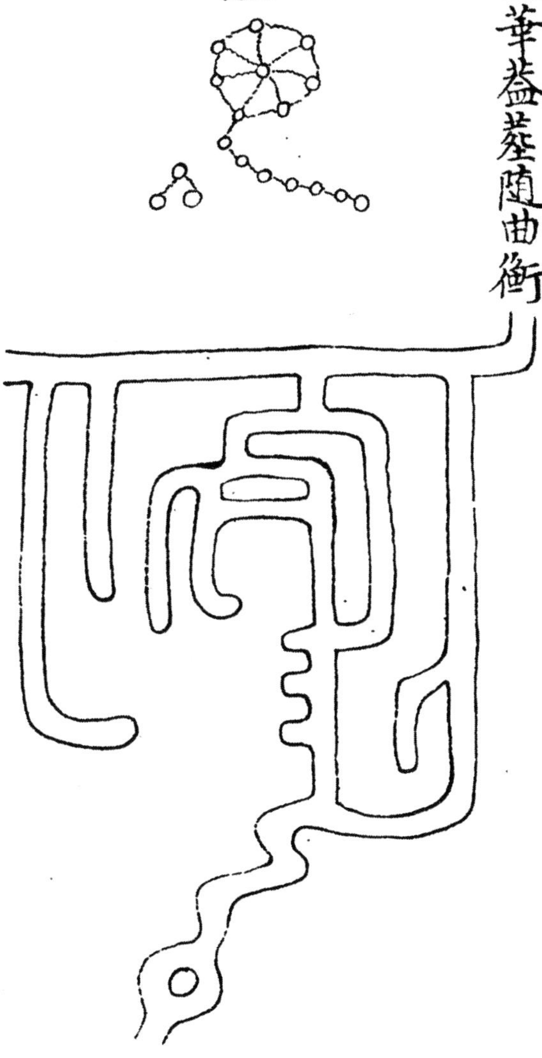

三元

蔡照堂傳

河漢交度東西二籓
真穴葬下近侍官班

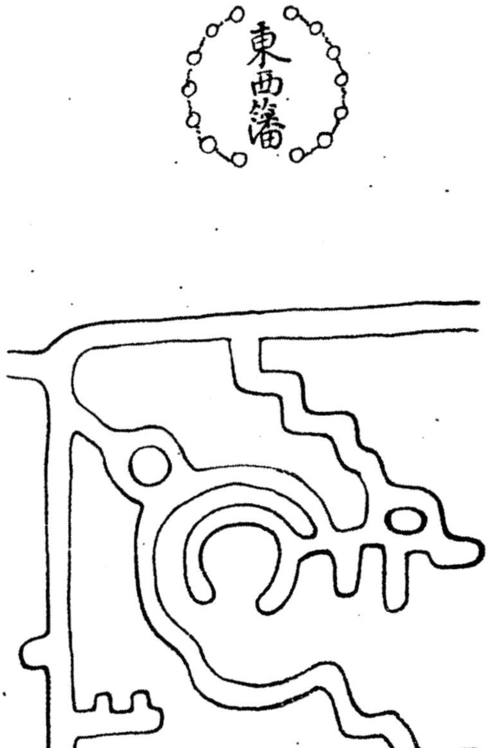

三元

家松本

天府壎篪曜通天苑
穴點龍睛名揚翰苑

中下二元

天苑

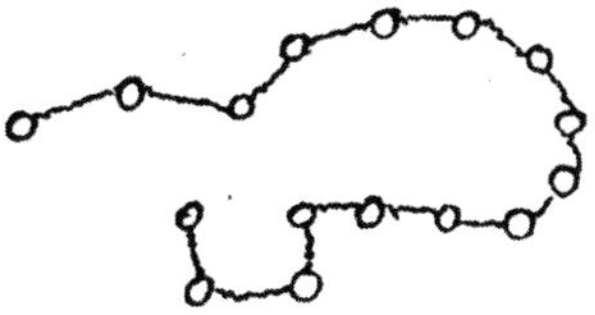

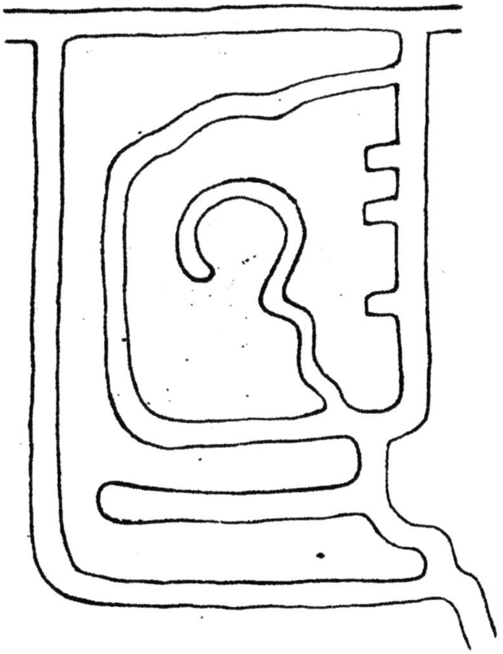

蔡照壹傳

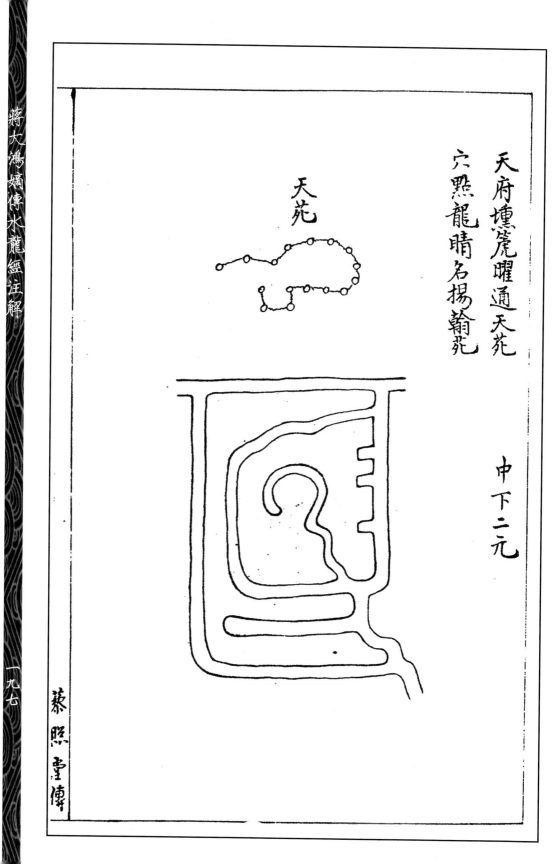

虹飛飲海天将氣揚
帷幃内穴威振邉疆

三元

天将

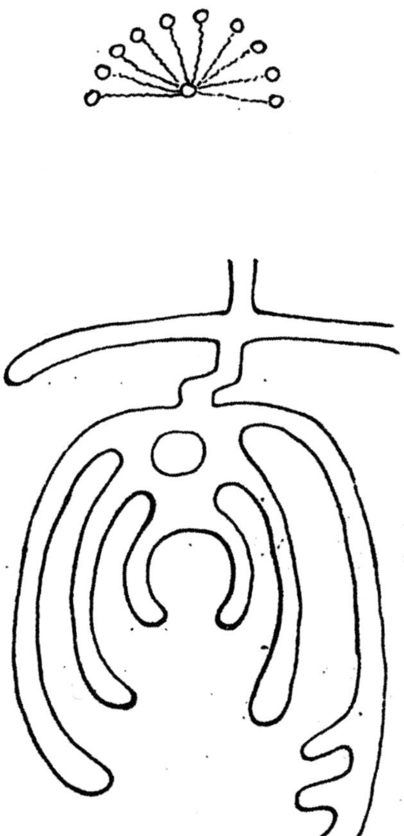

家秘本

蟠龍飲乳軫宿所處
內穴京堂旁為驃騎

三元

軫宿

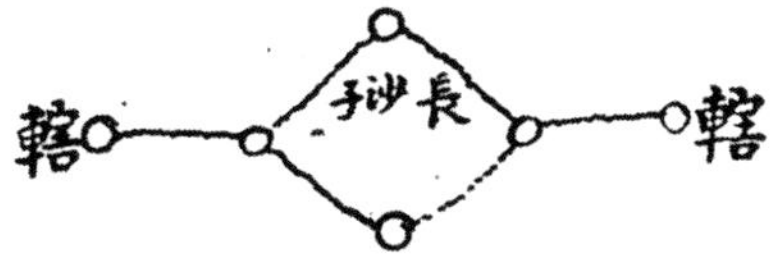

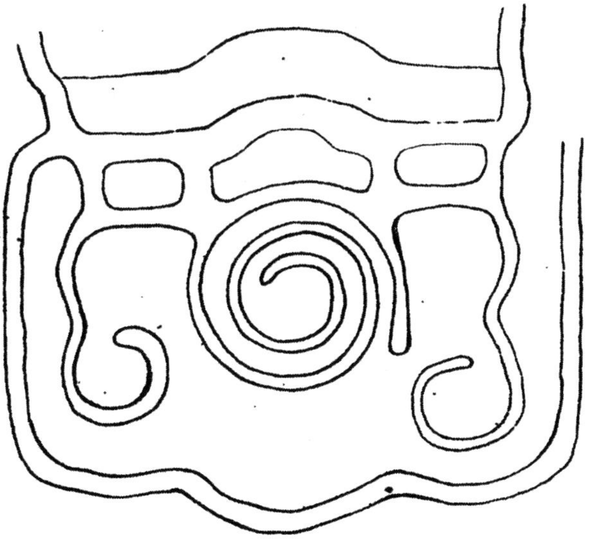

蔡照堂傳

錦屏掛鏡上輝天錢
穴藏中宿主嬪貴賢

中元

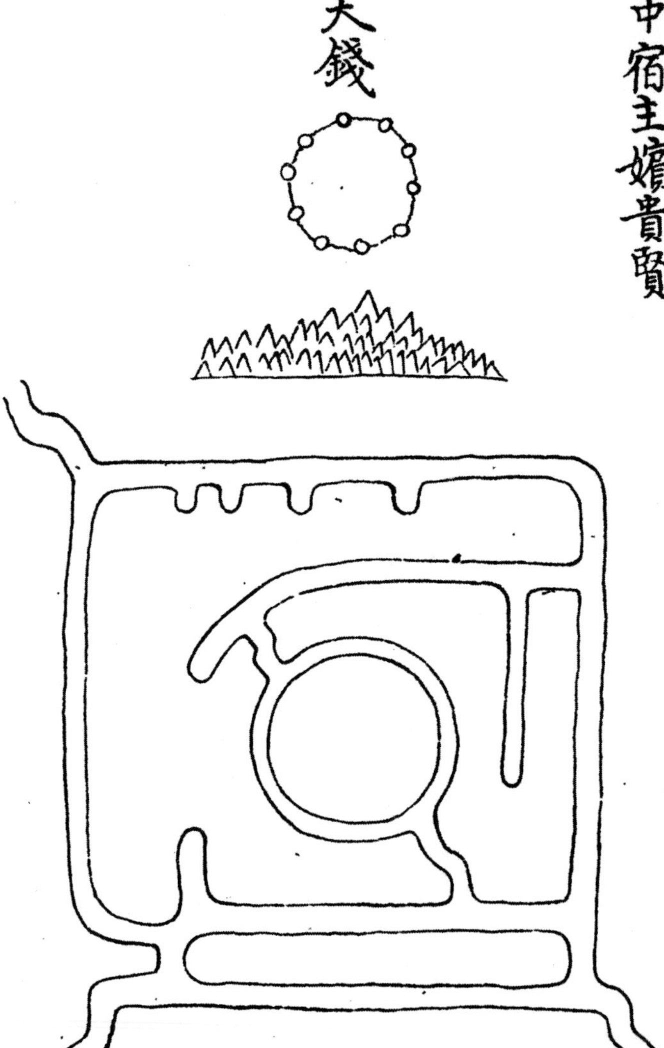

家秘本

金鈎掛月天鈎入垣
餌穴居内可鈎顯官

中元

天鈎

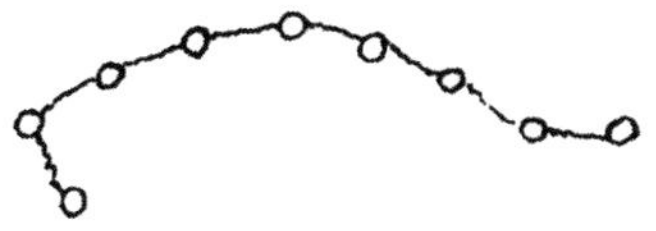

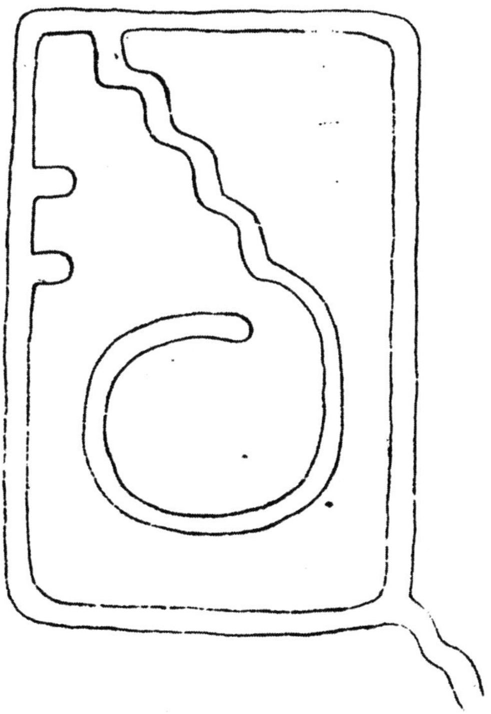

蔡照堂傳

家秘本

中元

天衢獻印漸臺承應
穴候中轂貴雄百乘

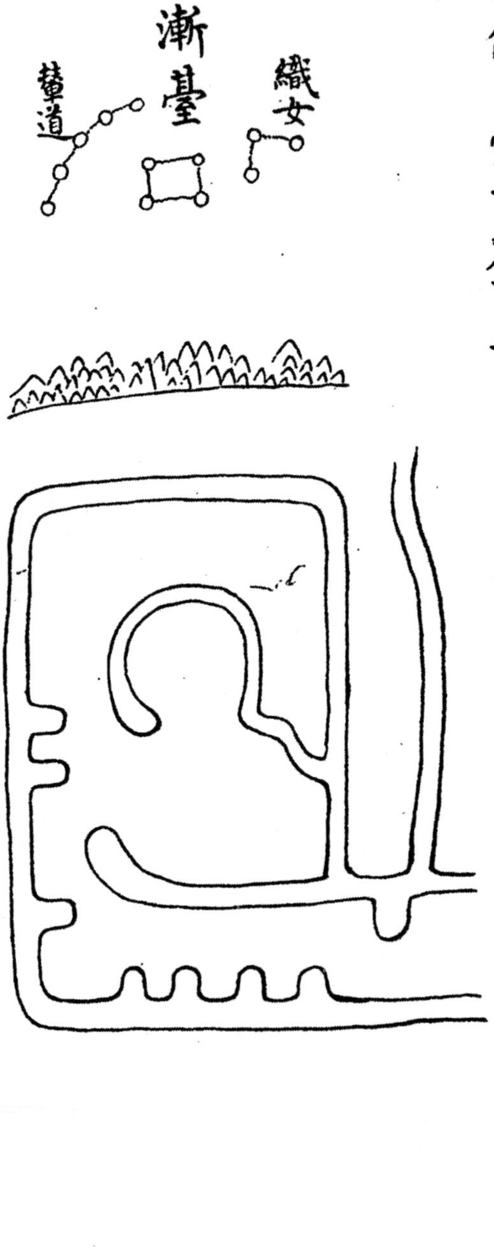

天廚玉膳天皇內廚
鼎釜取穴珍羞肥腯

天廚

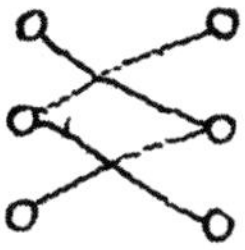

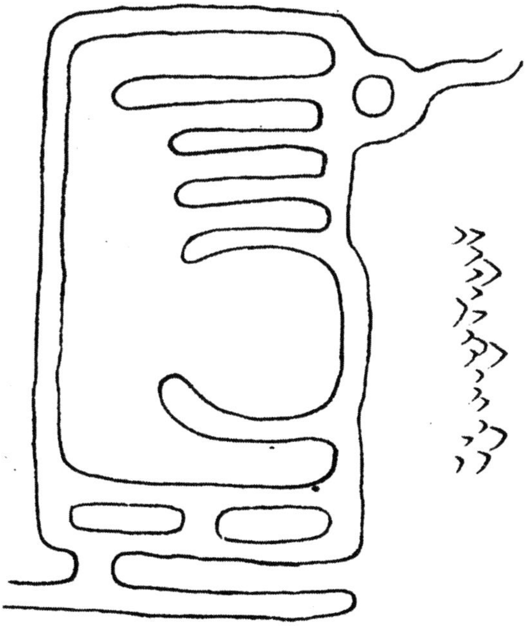

蔡照堂傳

龜浮蓮影天龜臨照
穴應蓮心者福之兆

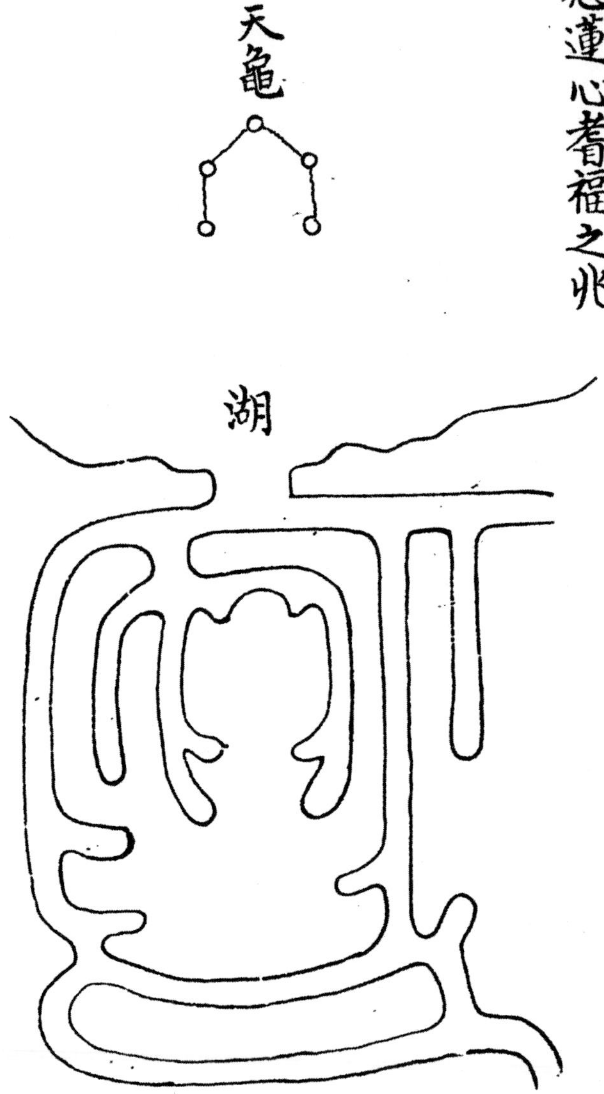

三元

瓊屏玉架上應五車
牙籤夾穴翰史榮華

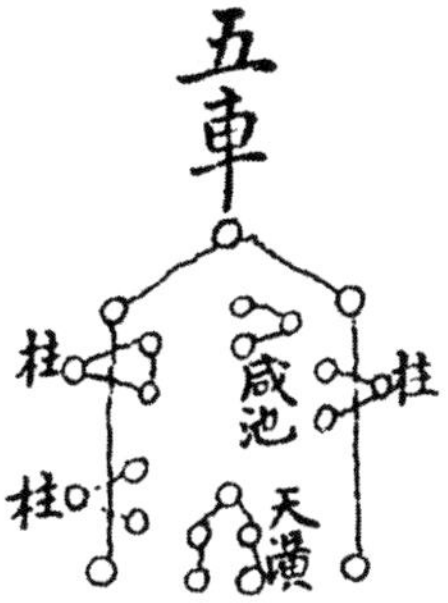

下元

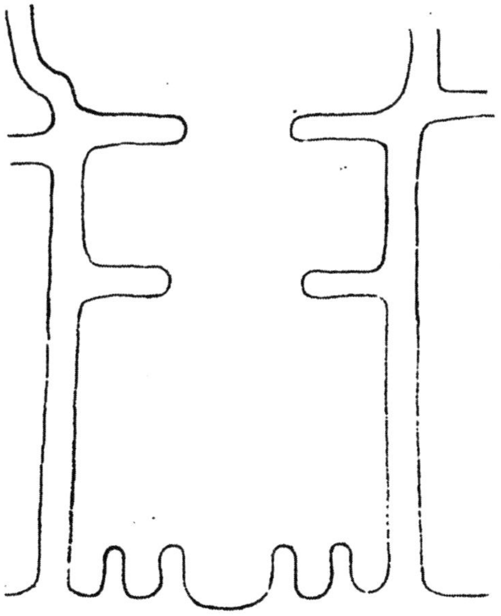

藜照堂傳

玉階五級翼宿所居
穴乘羽翰飛步天衢

翼宿

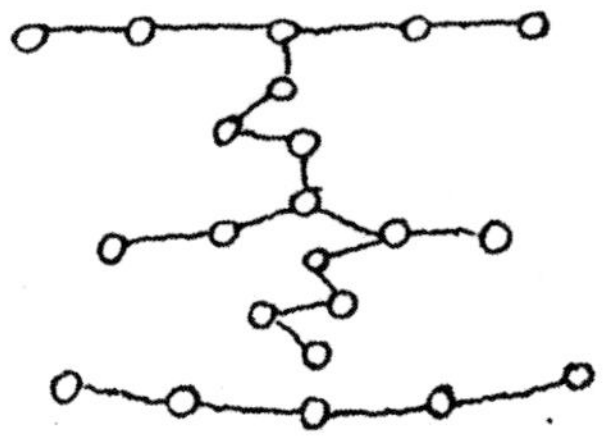

下元

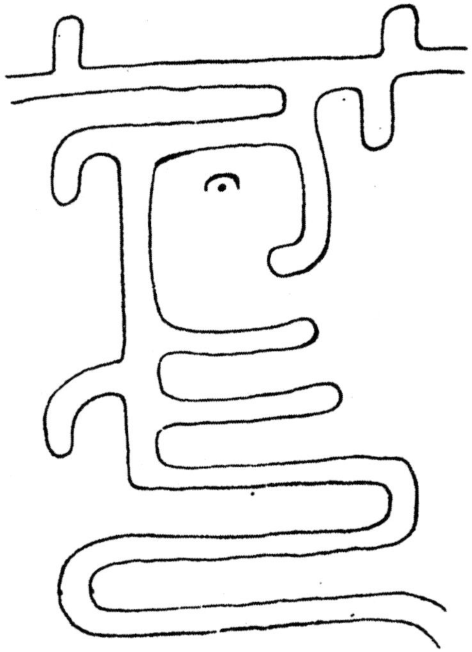

家秘本

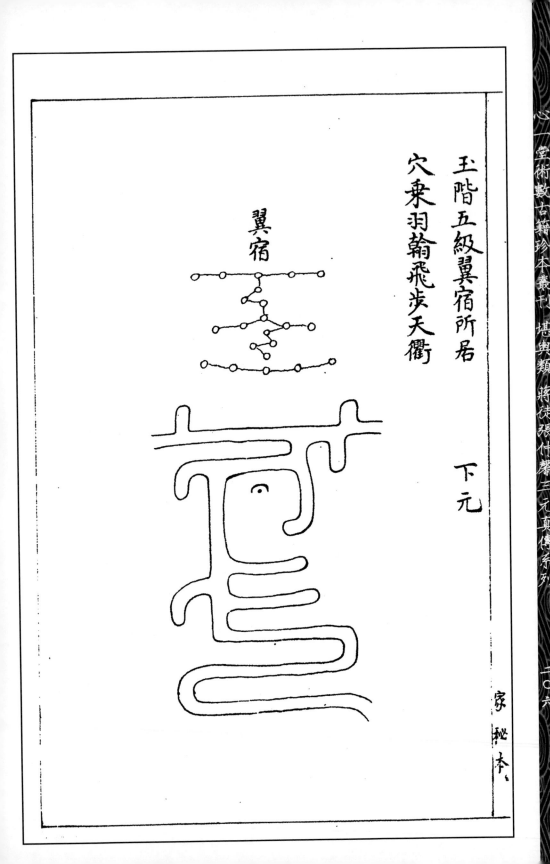

瓊遮結綠八魁聚靈
隱褥取穴錦繡聯英

中元

八魁

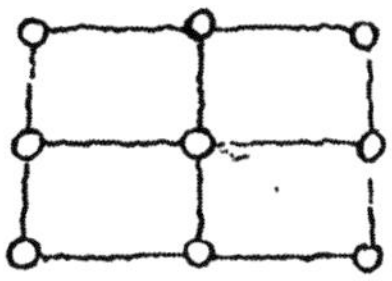

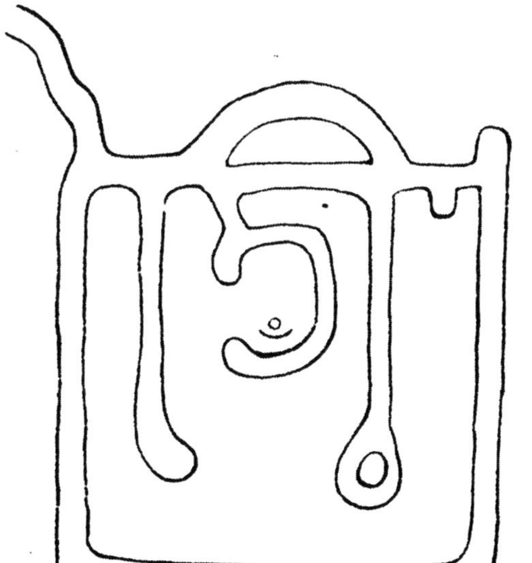

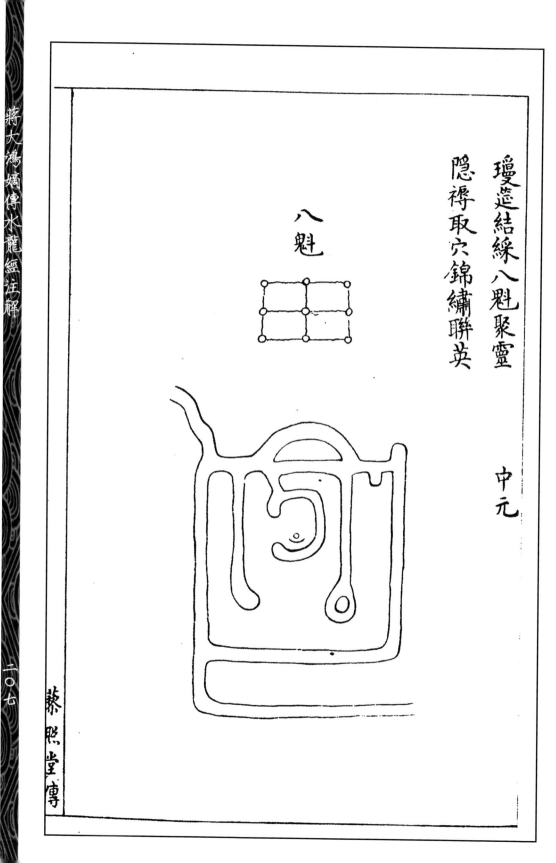

家秘本

中元

金瑣瑱闈斗宿所藏
穴轉曲阿金資萬箱

斗宿

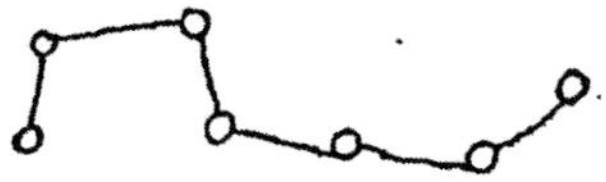

玉堂文幕器府璘璘
福穴居內笙歌滿筵

三元

器府

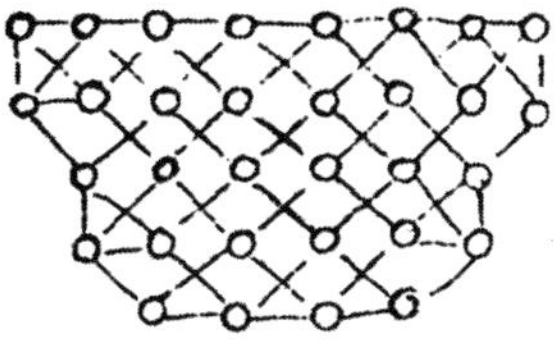

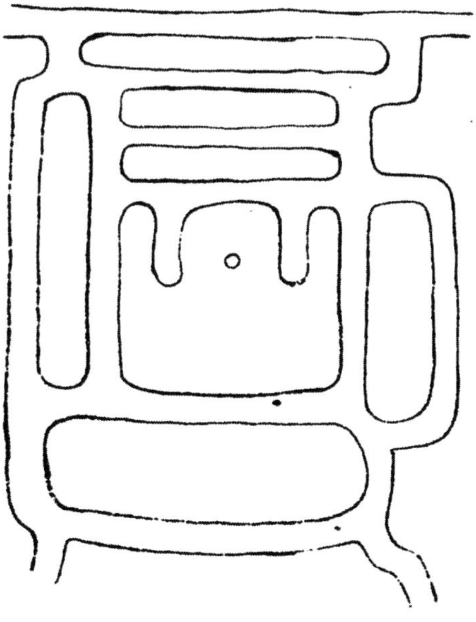

虯龍蟄首女床星列
穴臥唇簷肥遁賢哲

三元

家秘本

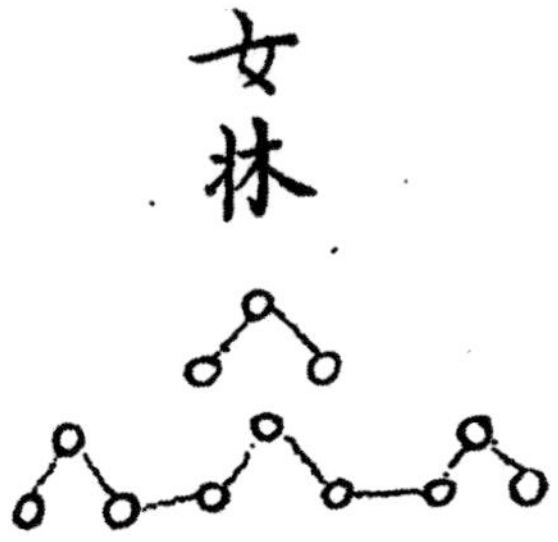

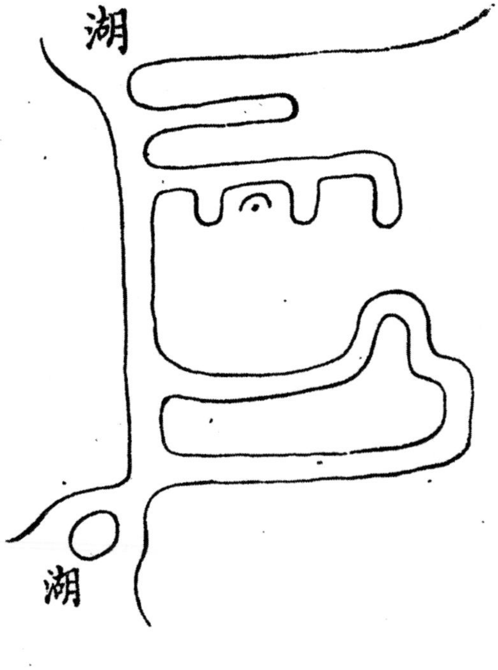

芳城秀衍上配天田
葬居中央阡陌連綿

下元

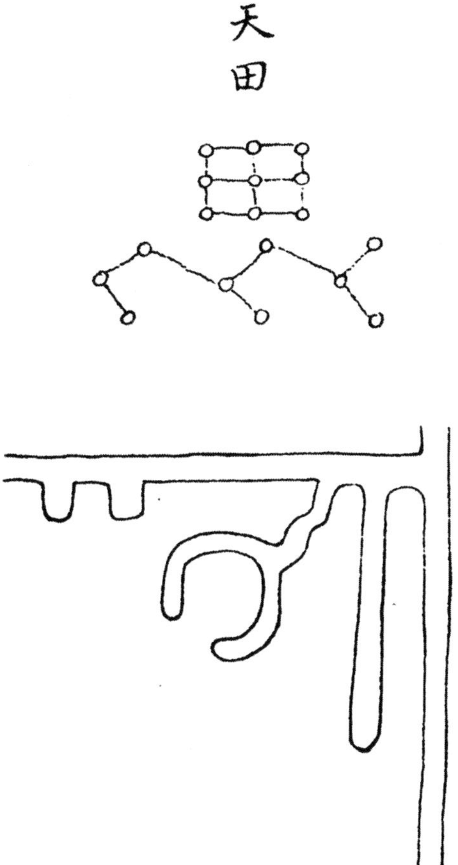

蔡照堂傳

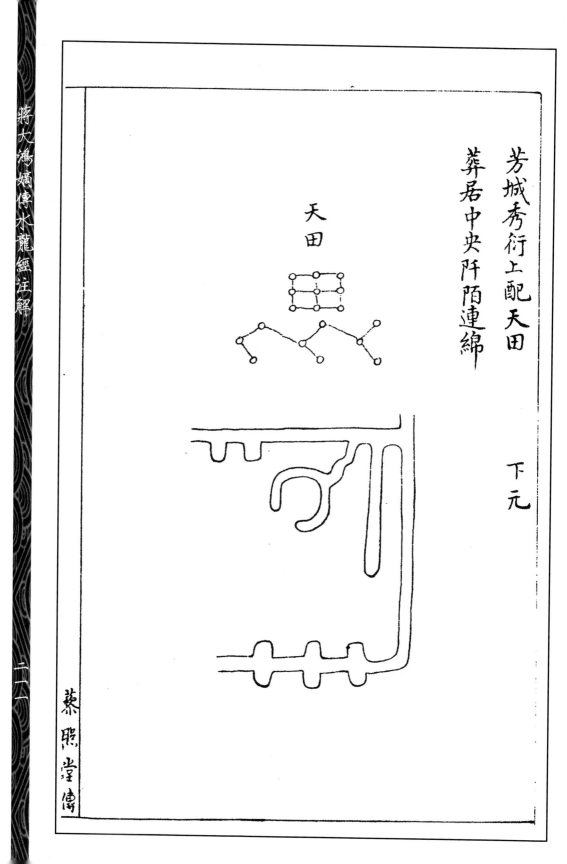

玉練纏天上應文昌
穴居剪裁補袞之職

三元

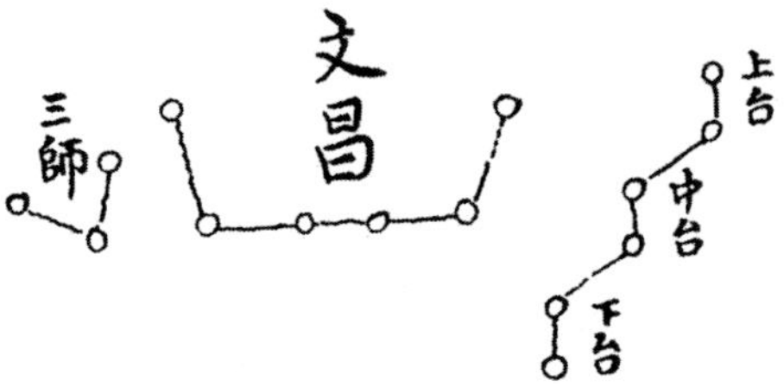

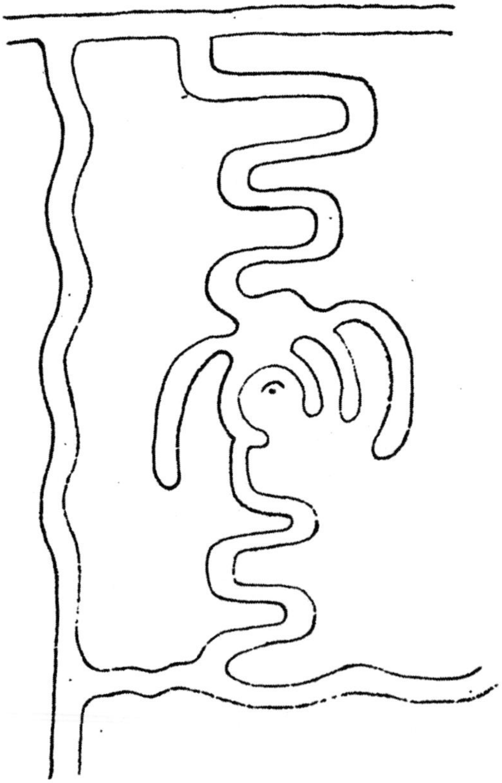

家秘本

金闕牙班庫樓森張
玉案作穴列爵鴟行

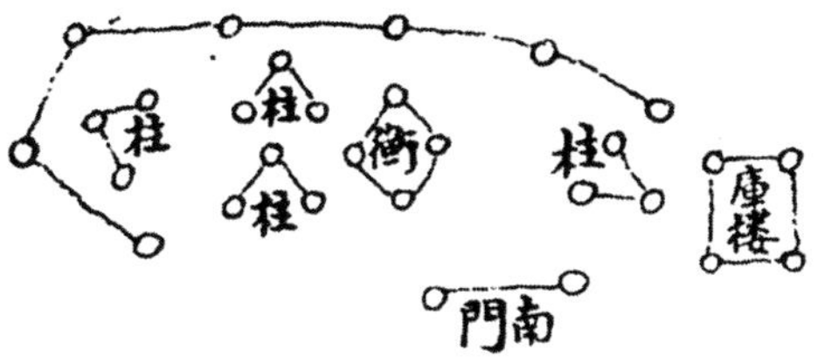

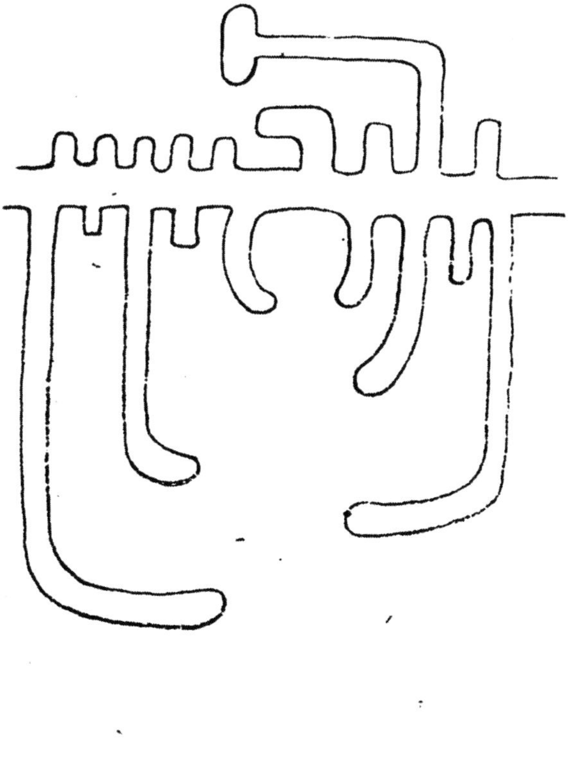

三元

豸橫九晼天廐曜明
穴點豸豸肩員杘楊名

上元

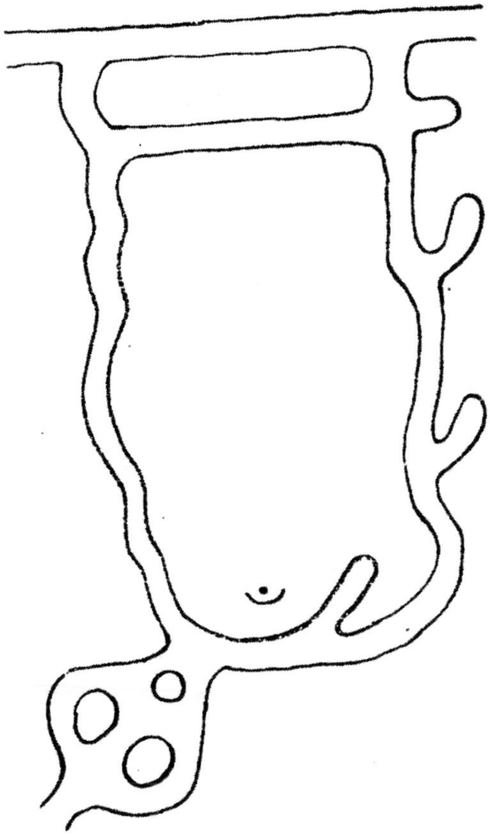

家秘本

陽河瀦祿上應斗斛

穴鍾日精冢宰之福

中元

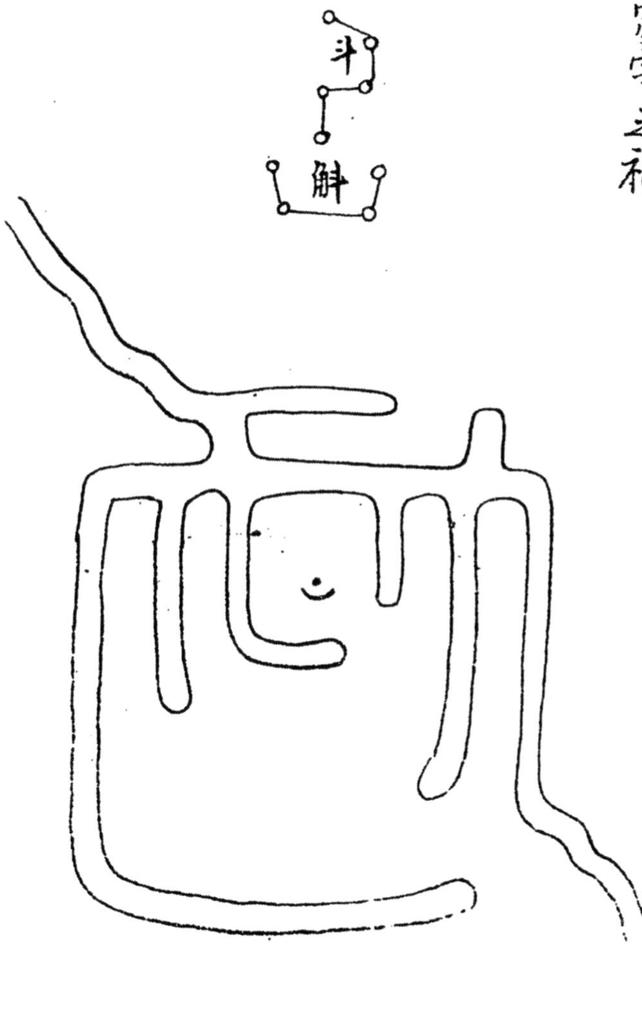

蔡照堂傳

陽隰纏輝卽位疊疊
恭差點穴簪纓幾里

卽位

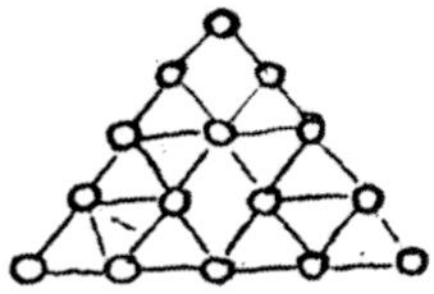

下元

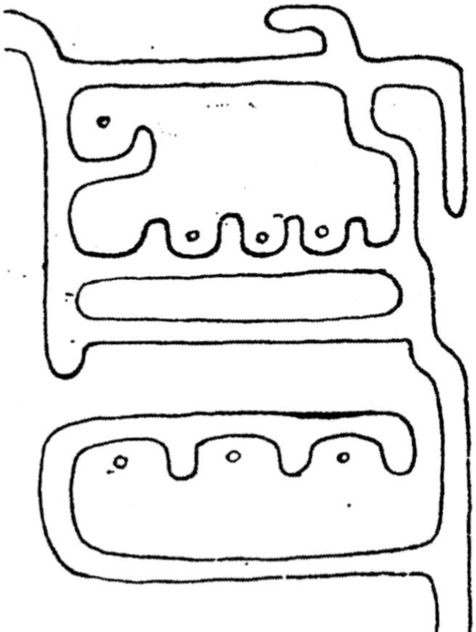

家秘本

神龜拾蛤六甲奮光
穴居豊頸爕理隂陽

三元

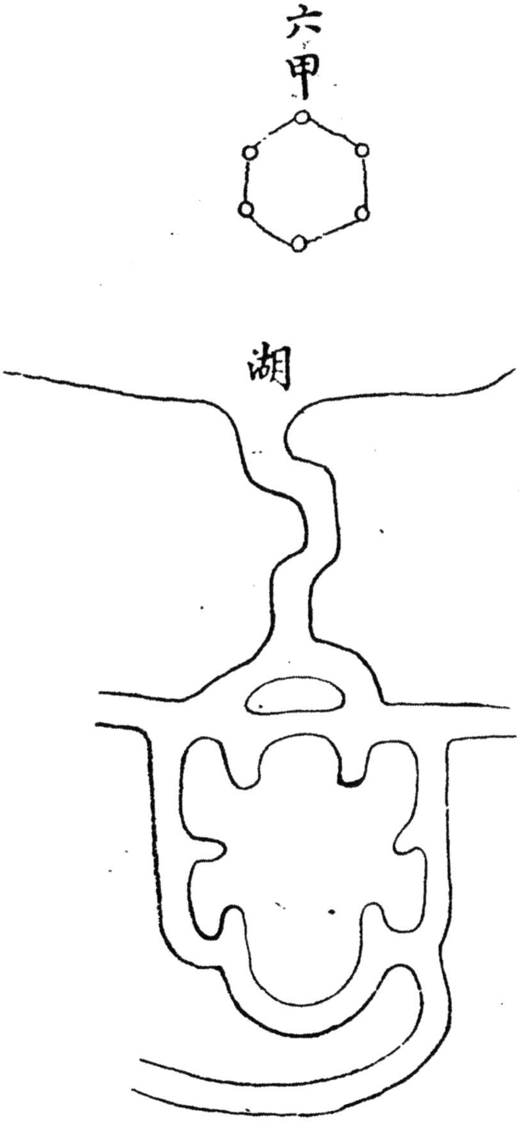

藜照堂傳

駛鞭掉尾左映旂星
蒫係其纓陣上揚名

左旂

匏瓜

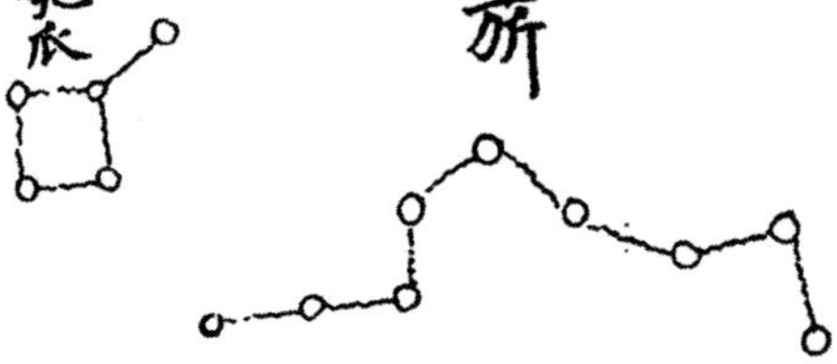

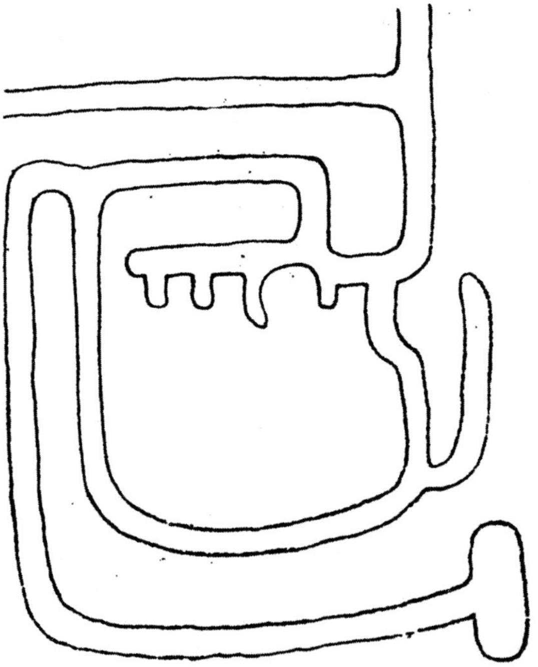

家秘本

日月分精天廟顯星
差陽御陰男女雙英

三元中元尤妙

雙虬聚英左右執法
穴齊端門咎縣顯達

太微垣二藩

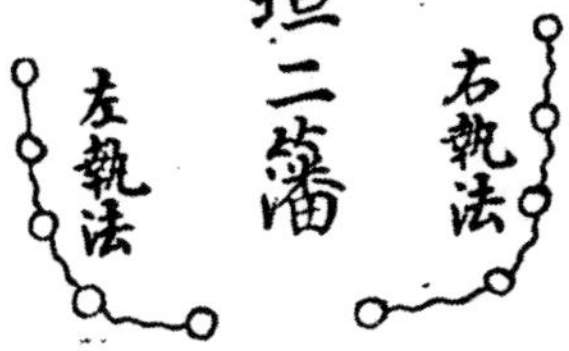

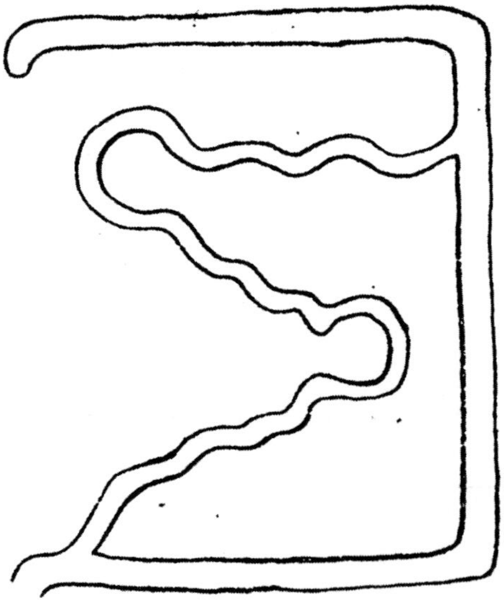

此一道单纏龍腹穴也只取其不滲漏耳然形局不端非全美之格也後覺子評

家秘本

春蛟賽月蜿蜒臨湖
神宮取穴名顯皇都

三元

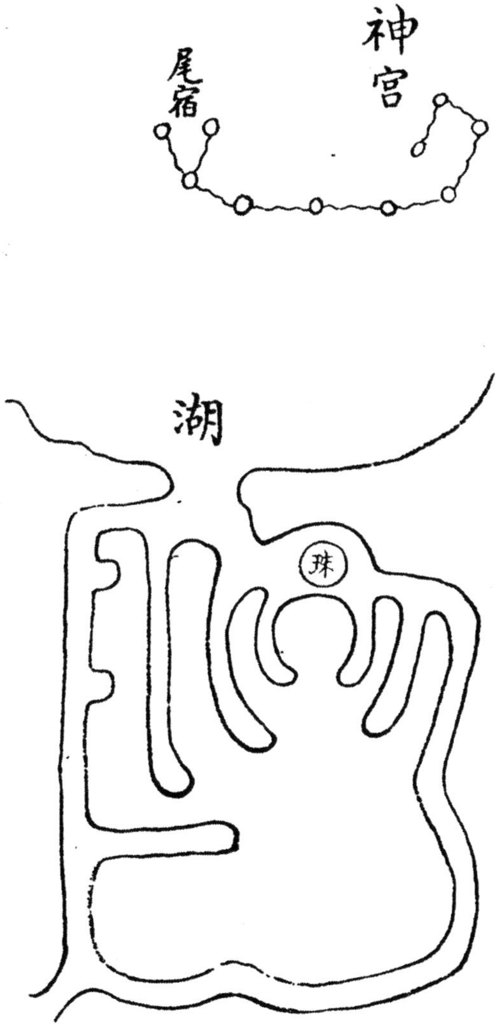

蔡照堂傳

金盤出匣牛宿所臨

塋　點饌綺席華裀

牛宿

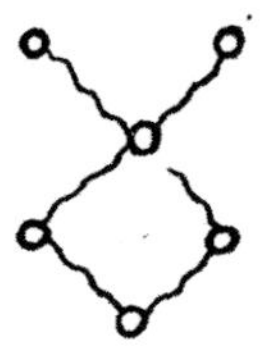

中元

上下兩元亦好

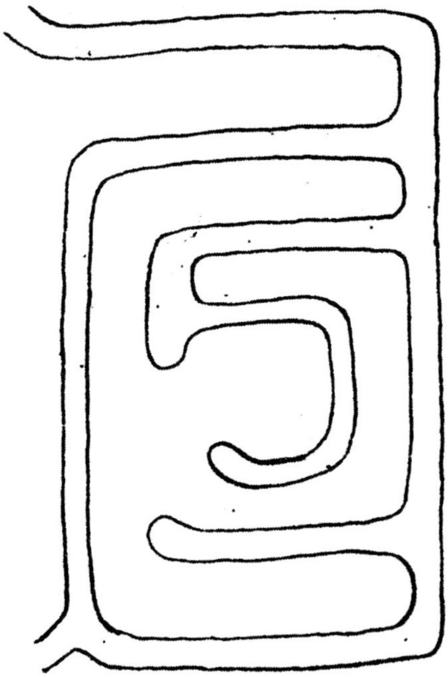

家秘本

金倉玉粒天囷顯赫
蒫其中廩禄錫萬石

三元

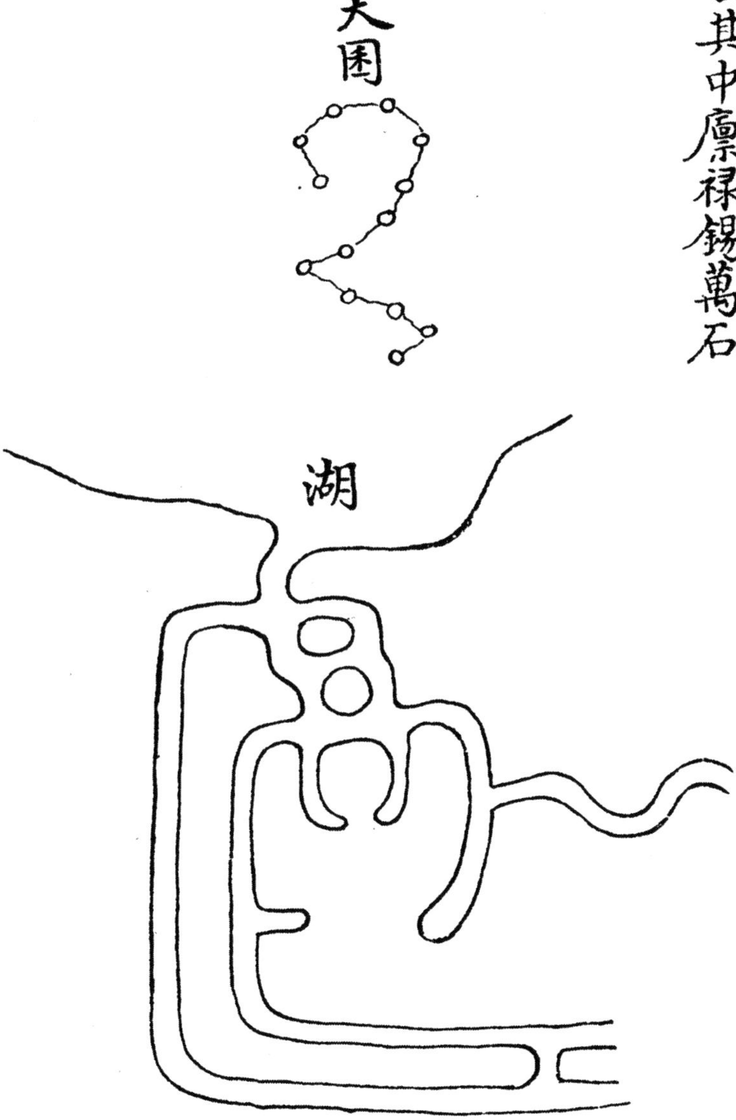

玉女鋪牀天牀森照
駙馬儀賓穴居閫奧

天床

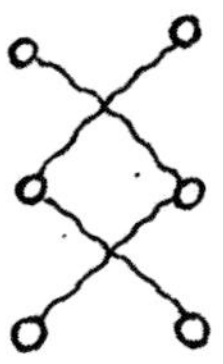

中元

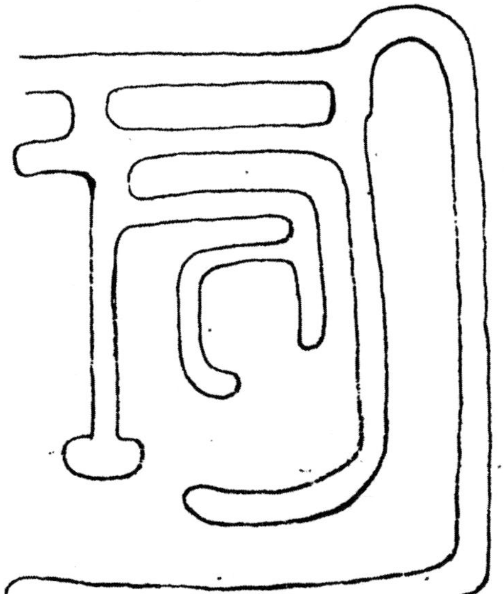

繡幕銀鈎天囷外屏
裀褥取穴御苑芳名

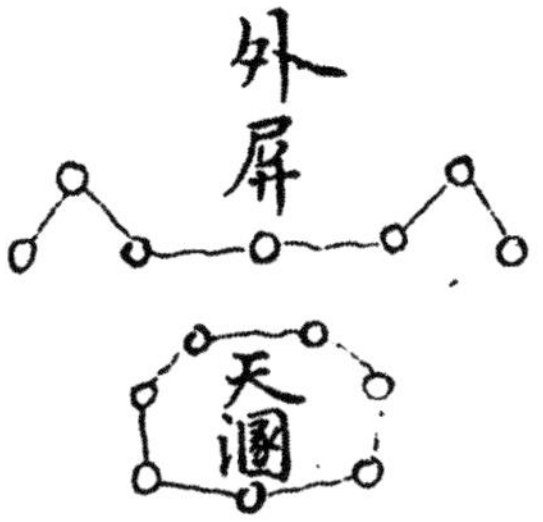

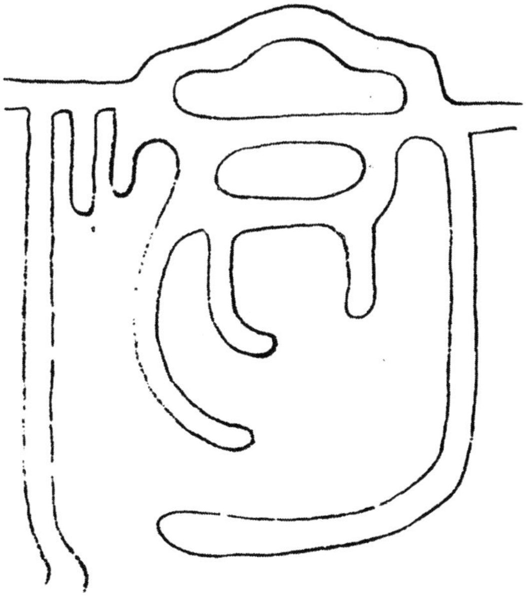

中元兼三元

雁落平沙穴粘羽林

壘辟桓桓武柄文衡

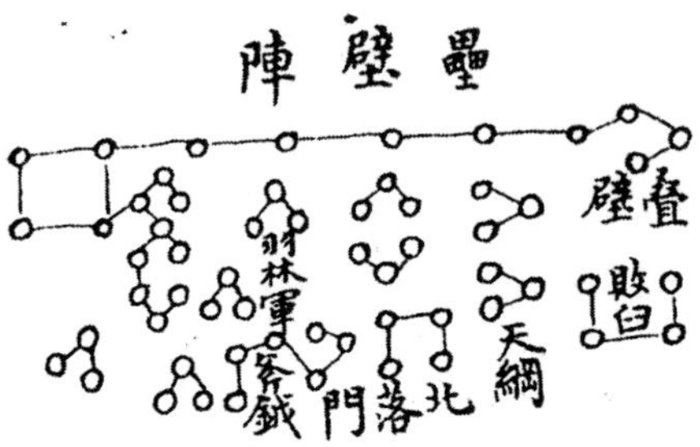

下上兩元

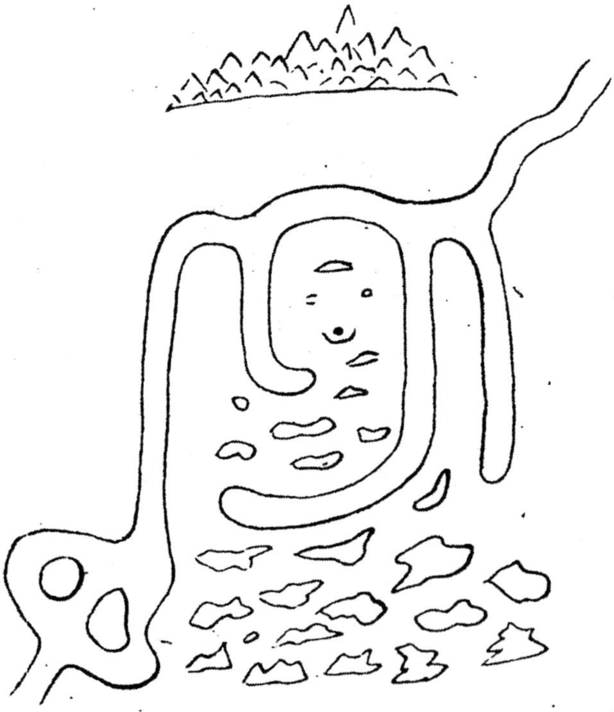

家秘本

珠胎瀉月天淵映輝
法塟內地食祿瓚闈

上元

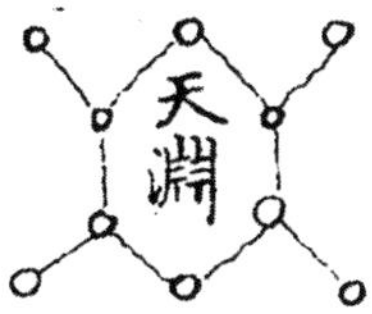

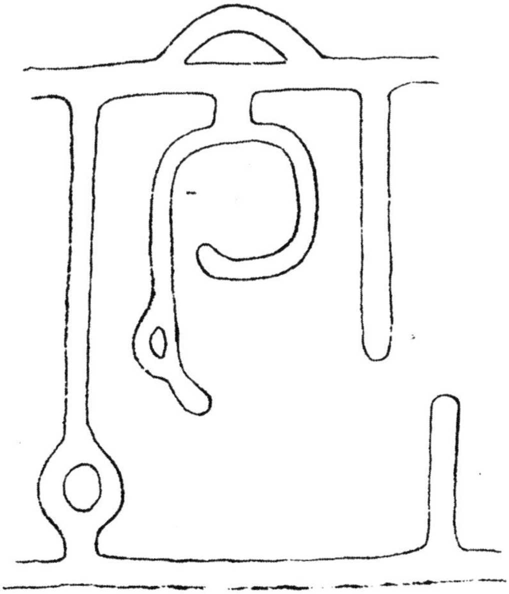

蔡照堂傳

金蓮側露穴在花心

上臨積卒統馭千軍

積卒

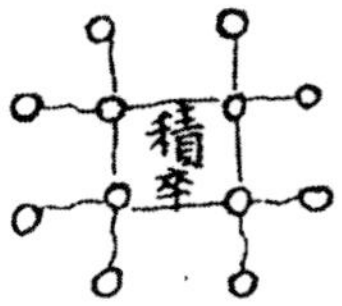

中元兼三元

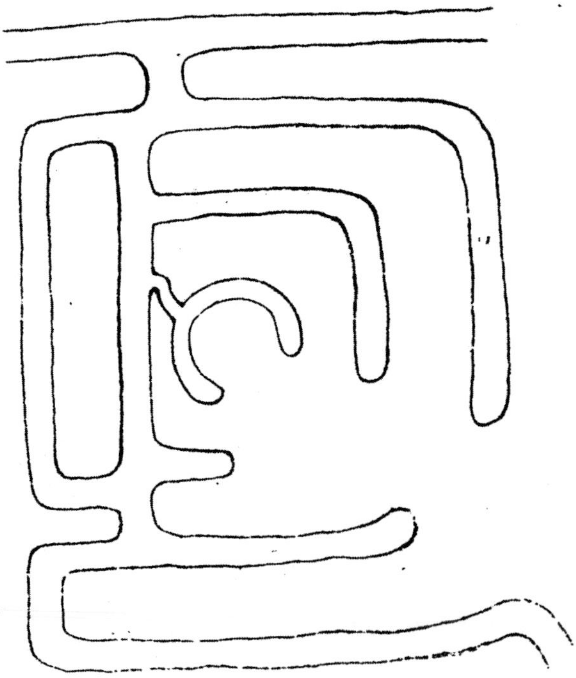

家秘本

玉衡掛斗天倉顯文
柱史儲卿莝倚雲屏

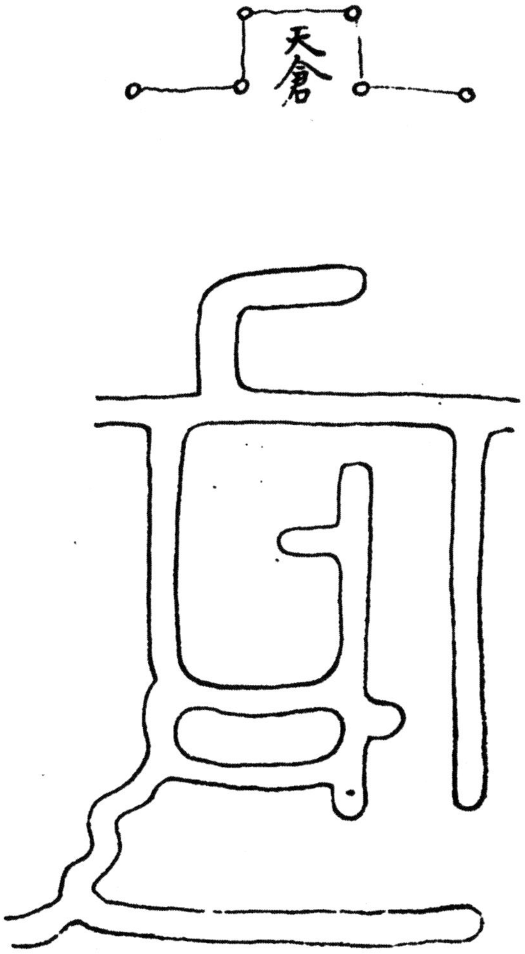

蔡照堂傳

天樞地軸奎宿所履
穴居其中威名千里

三元

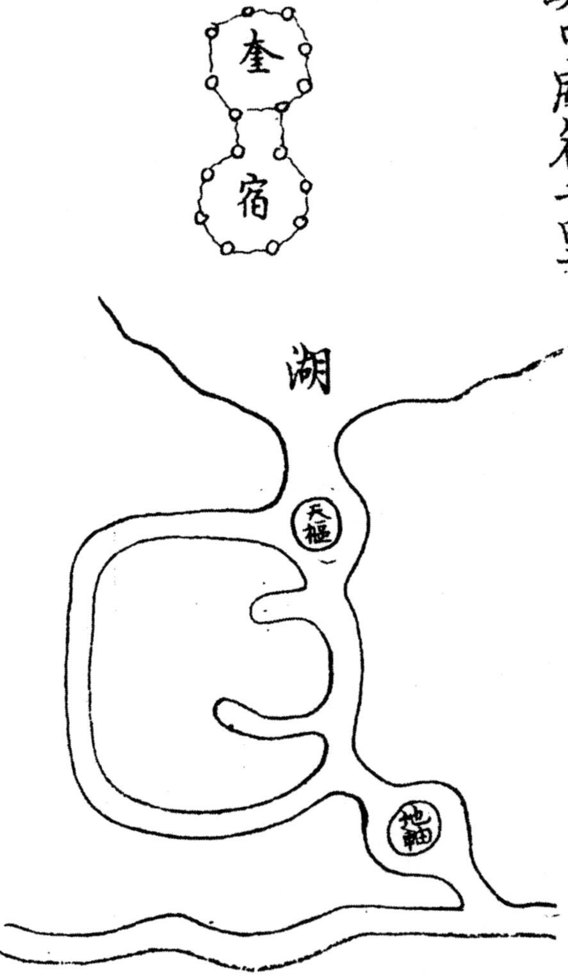

家秘本

水口四句足証逆水行龍之謬

水龍經第四卷

此卷專言水龍象形肖物之義。與天星垣局。厥旨相同。蓋天有是星。即地有是物。水能象星。即能象物。此與玉髓真經指物論龍。歸於一例。原本亦云景純氏作。其文不古。比之星、鉗有、雅、鄭、之異。屬後人之傳會無疑。予最取其篇首山郡。以山為龍。水郡以水為龍。二語。為地理家千古開闢之論。必非淺學之流所能庶幾。其餘文多粗率。理多穿鑿。畧之可也。又云、水口交鎖織結。雖順亦吉。局內穿割箭射。縱逆何庸。允哉。通達之論。識若採其圖局。則草尾露珠雙龍戲感入懷諸格。可謂深得水龍微妙。作

平洋當以水形為主

法而亂中取聚則又裁穴真機確乎不易之至論也夫喝形點穴予於山龍極論其非豈茲水龍反取其說要亦因文節取讀者貴有變通亦緣世人論平洋者指示形局專取地之形為形而不知水之形為形故博搜其義以破世迷純乎一家之正論云爾大鴻氏筆記

家秘本

去來有一定之勢而曰來口便是去口者明蕪松之地尢必立穴於小枝水耳

水龍經第四巻原論

山郡以山為龍，水郡以水為龍。三吳諸郡，江楚二省，枝浜交流，一圩之地，不過里許，前賢所謂以水為龍，正此處也。相水認勢，葢下真穴，富貴悠久。經云：江淮大地無龍虎，渺渺歸何處，東西只把水為龍，葬下發三公。萬里無山（此萬里者以編戶言），英雄迸出，其貴在水。縱是浙閩多山之地，一離山脉，亦作水龍。至於蕪松之地，近海通潮，六時潮來，六時潮去，來口便是去口，去口便是來口，兩頭交媾為交精（指小枝小而言），潮退兩分為乳蔭，妙處在乎潭旋生活，喜其之玄潭旋，聚精神百倍，之玄現化育無窮，屈曲來朝，不論大河小澗遠流

以上數行學者宜熟玩之

蔣公只重星体之美麗奇秀不重形象之象物肖形學者須知之

曲抱無分江海池塘。經云地道剛柔神變化。衆流聚處引玄機。小水聚多而愈妙。直流繞大不為奇。內直外勾多巧結。內勾外直枉勞心。橫過抱身為抱局。對面曲朝是迎神。進局入懷要兩邊之抱應。流來入股須四面以包藏。前後特秀即為華蓋附身交合。便是金魚。兩水合局是朝星。二派交流為合脚。六建四邊皆護衛。三陽當面是趨迎。金魚腰帶抱我灣環。弓局天虹當面大抱。上下水朝。號作雌雄。兩感遶身方正。即為華蓋幞頭裹局枝浜奇特。隨手榮華。穿珠垂乳源頭。即時富貴。献誥水英雄三世。藏秀局富貴千秋。义股無纏而驟發。迎神得秀以綿長。四龍戲水。大富大貴。四水圍環。悠久無疆。交劔合流生武職。催官盤遠出文臣。左右仙宮俱富貴。蓮花垂仰定陰陽。勢若踢毬須得趣。形如飛鳳翼宜長。仙掌撫琴登甲第。捲簾殿試擢巍科。一水曲勾盤蛇局。兩浜正抱是開弓。美女獻羞生秀氣。排衙形局出官僚。太極二源真秀貴。蜈蚣百足產英雄。蝦局富而雄豪。金城貴而悠久。高朝局久而出秀。幡花形一發便休。草露擎垂而取尾。露薄則出姓絶嗣。順風船穴在居中。船大則榮華富貴。順入捲簾而入贅。舞旗脚轉始堪裁。風吹羅帶發福遲而綿長。伏蔭金魚。先富饒而後貴。插花垂帶衣食從容。進局入懷發福悠尖○金鉤宜轉脚○朝元要水多○裏局闊大而不巧○交身緊夾而有情○曰字局有吉凶○鞋城格分真偽○盤龍局勢盤中取○虹食彩霞聚處尋○聳蓋水扦垂尾○龜紋局取中尋○雙龍戲感合陰陽○一水垂絲鉤裏取○四水歸朝防散亂○聚堂局旺忌乘風○砂水相關真妙局○回龍顧祖巧形模○勢有排衙裏局○生蛇朝聚多情○珠絲聚布○聚處安扦○重抱盤旋○水多愈妙○中軍垂乳○有外抱而財祿榮昌○土宿聚堂○得秀朝而累科貴顯○四○勢○不○流○元○氣○聚○彎○弓○一○抱○福○天○然○横官龍形生顯貴○借合穿龍發財源○出水蓮巧而生秀○流帶局活動為榮○蓮花局取緊小○垂節勢欲多枝○生蓝靈芝○蓝

多為姒卯原轉結衆聚最奇來長去短福蔭無疆射脇穿心禍
凶立致大抵來宜屈曲去宜之玄急流都剔於興敗凝靜者福
壽綿長水口交鎖織結雖順亦吉局內穿割箭射縱遂何庸此
等水法理致最微不特知之者鮮而講之者亦少矣

家秘本

六建即六秀天玉青囊以卦之父母為三吉以卦之子息為六秀如上元坎坤震管運則以離艮兌水為三吉以丙丁丑寅庚辛水為六秀此以震庚亥為三吉以艮丙巽辛兌丁為六秀此偽說也又以六秀分天地人祿馬財之六建此謬中之謬也

水龍第四卷

六建格

出神童狀元宰相

此是上元兼三元格

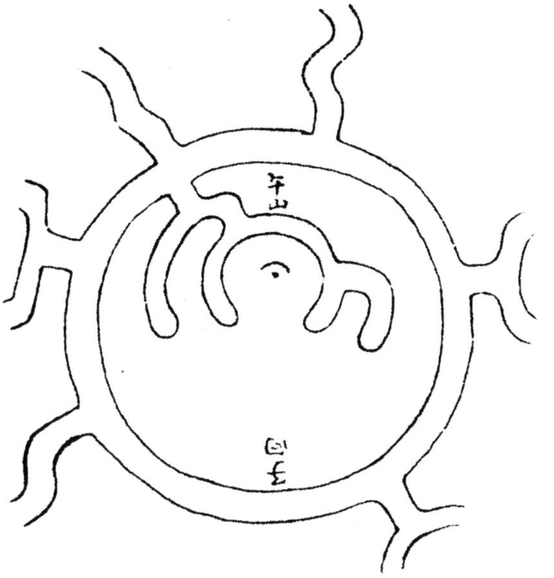

迎神水局

上元

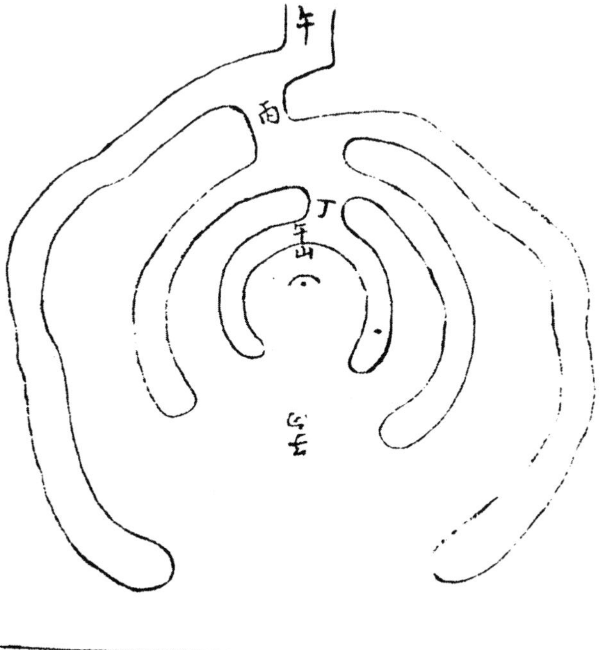

蔡照堂傳

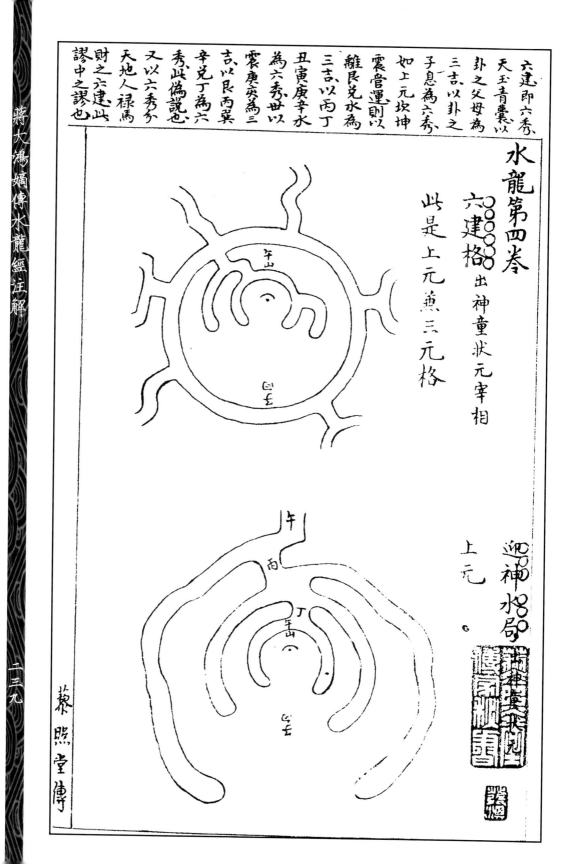

入懷格

此是四六兩頭関中五交氣局

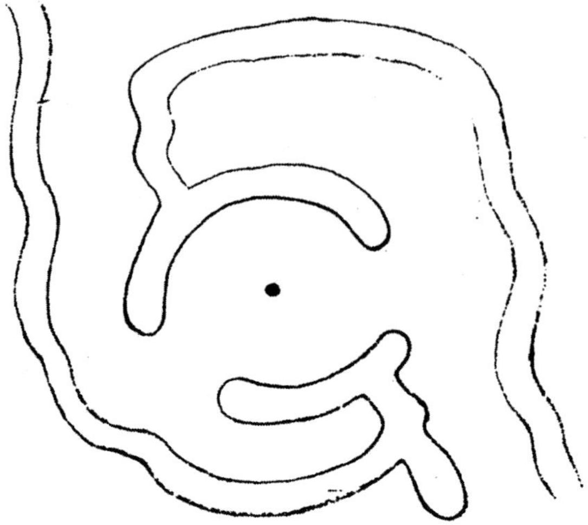

此是二八交氣局

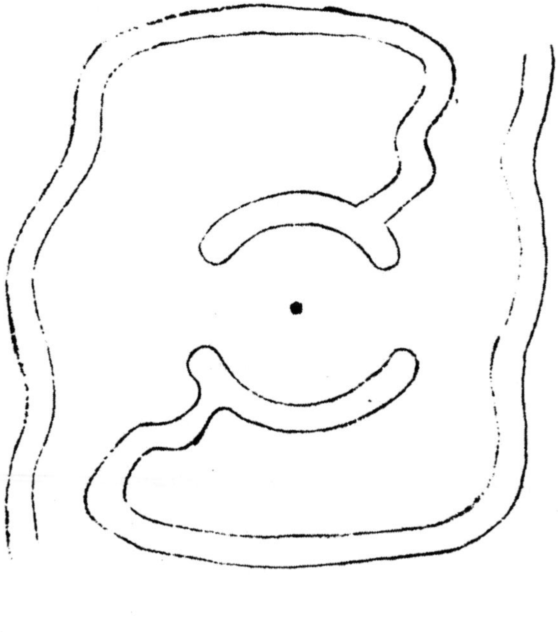

金魚腰帶格

卯局格

上元兼中元

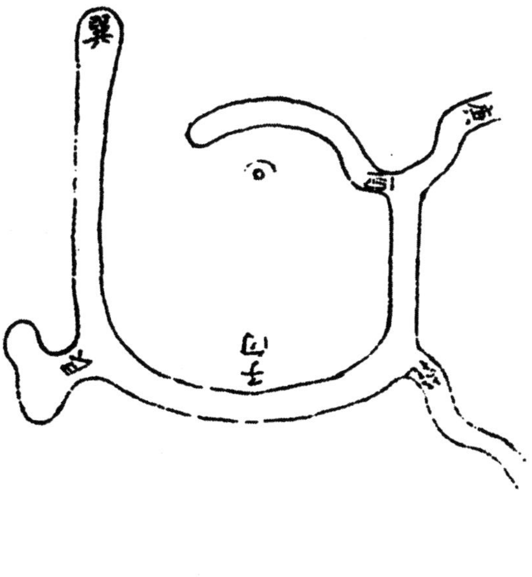

藜照堂傳

牝牡華蓋 出文武全才

下元

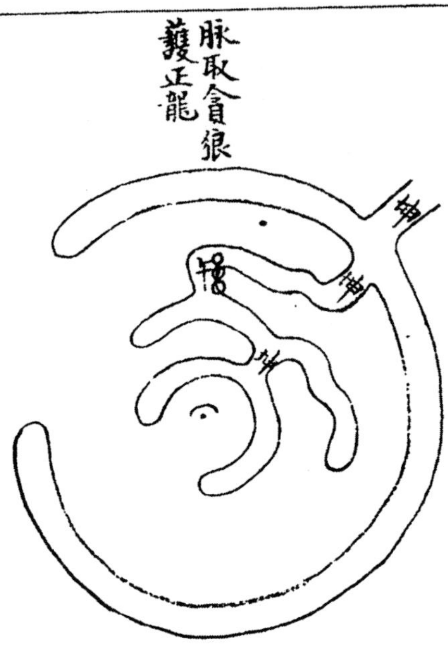

亂中取聚格

三元

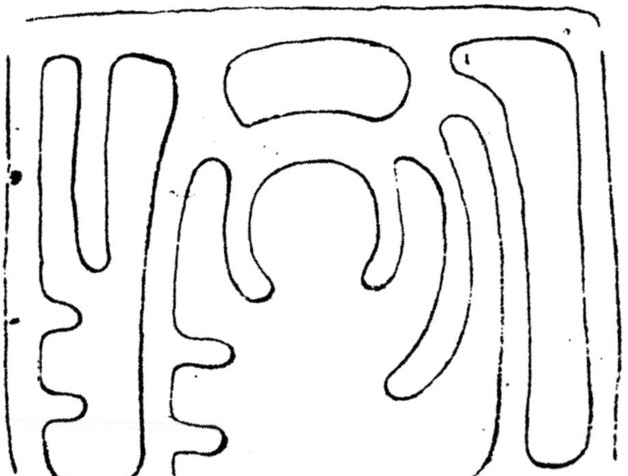

雌雄感秀格

此是天地交泰三元不敗之局

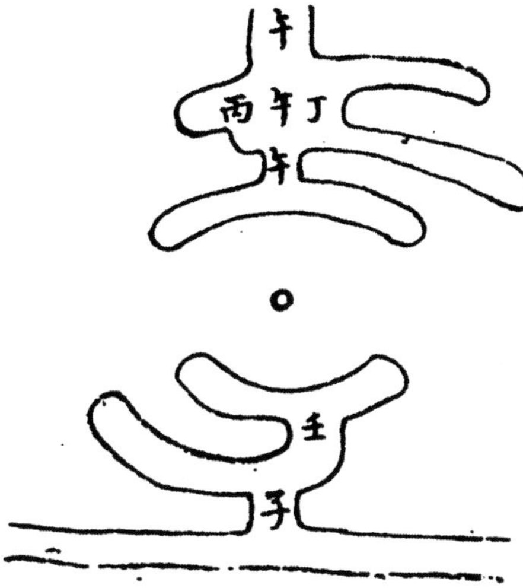

纍局格

此與北壯華蓋相似

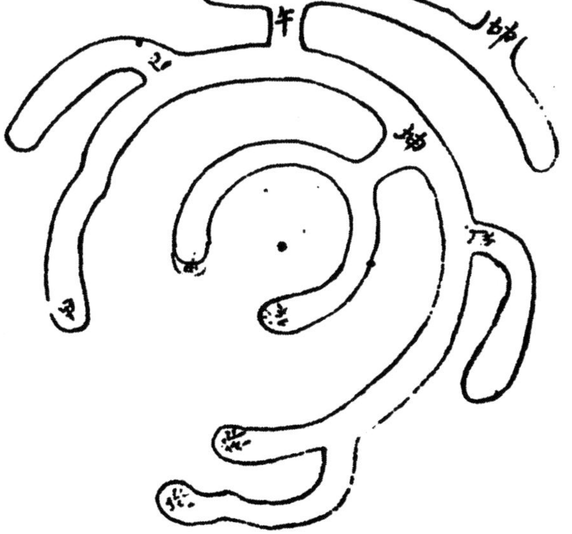

藜照堂傳

幞頭華蓋格

上元

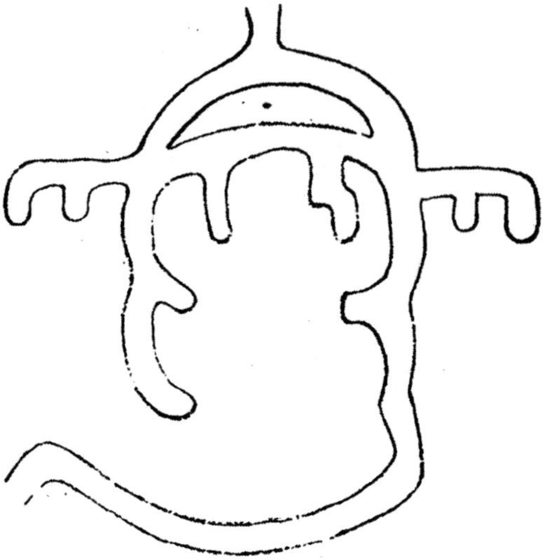

藏秀格

水聚天心

上元

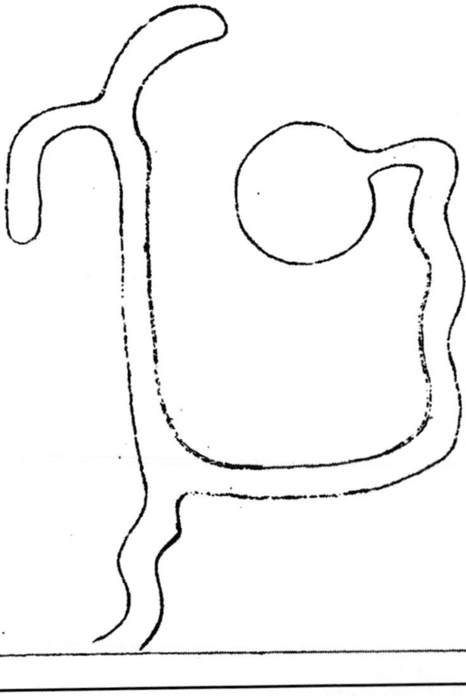

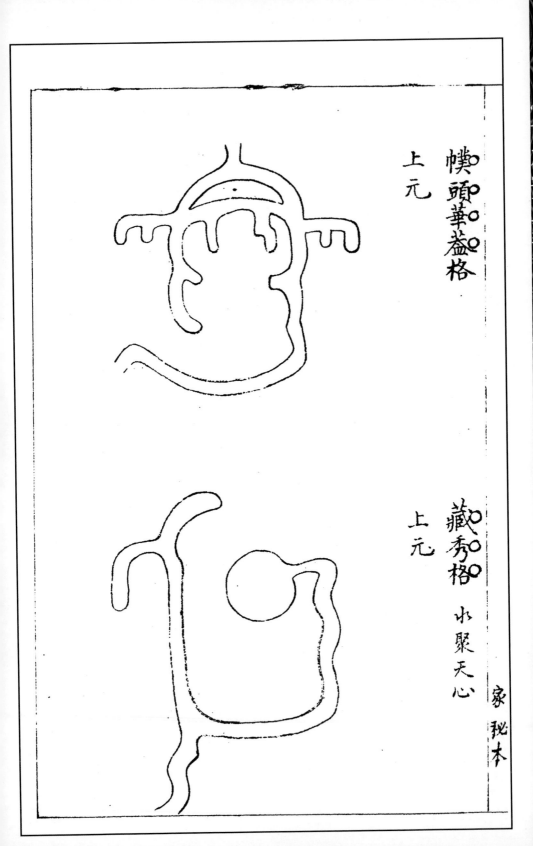

敵詰格

上元

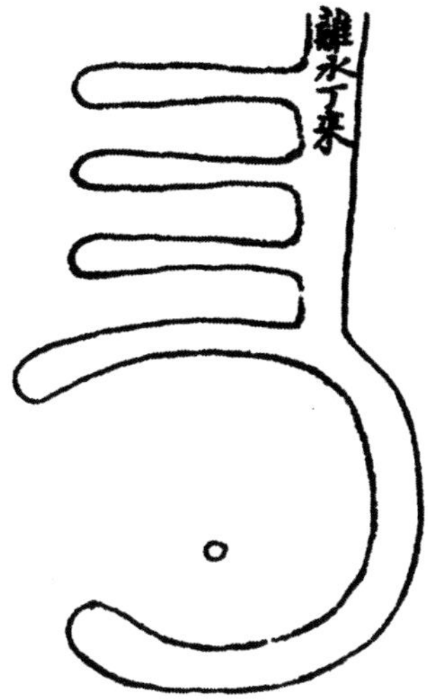

穿珠垂乳格

上元

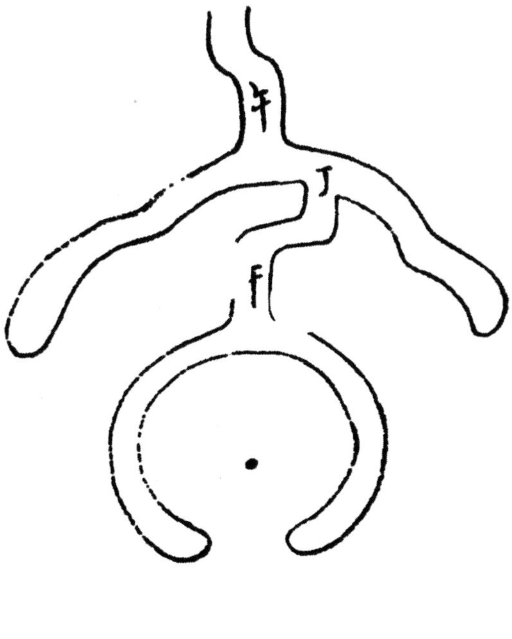

四龍戲珠

水從巽來雖上獨三疊於中元扦之
可以三元不敗

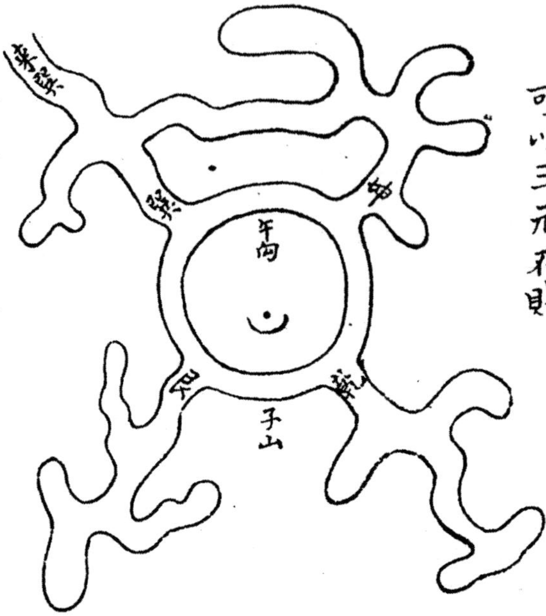

此與六建皆八神齊到之格也有內局則內局宜細求無內局者如在湖之中水法不可盡拘但看何者為主水兼運扦之可耳此局宜少覩坎水立午向坤水回來不到穴不妨

交劍格 出元戎

中下二元

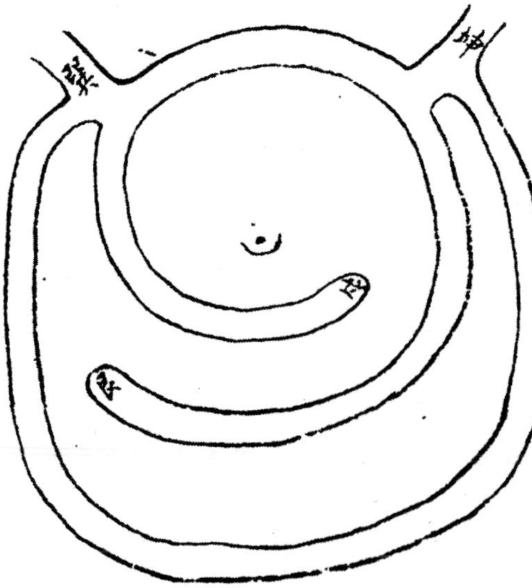

家秘本

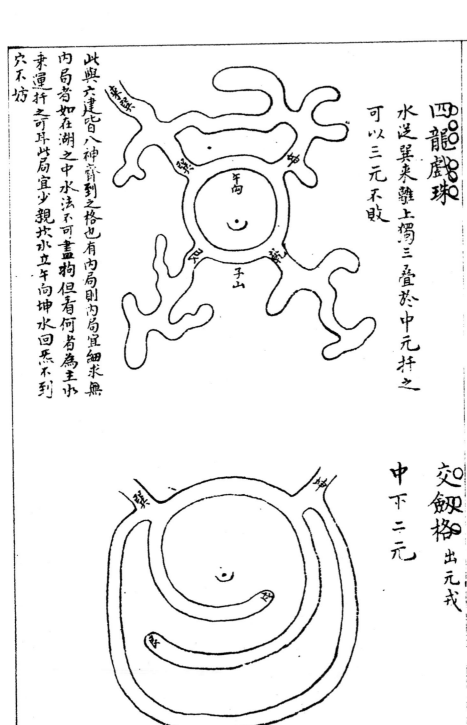

催官格

此上元攀龍中之小局也

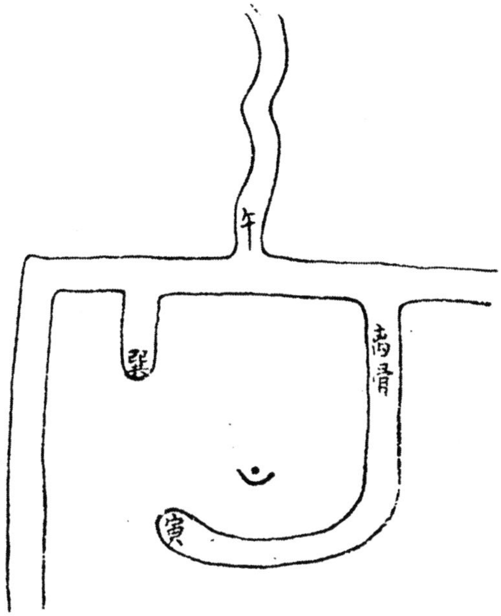

踢毬格

雖是上元局而此圖我所不取
若地形寬大須再問小水方妙

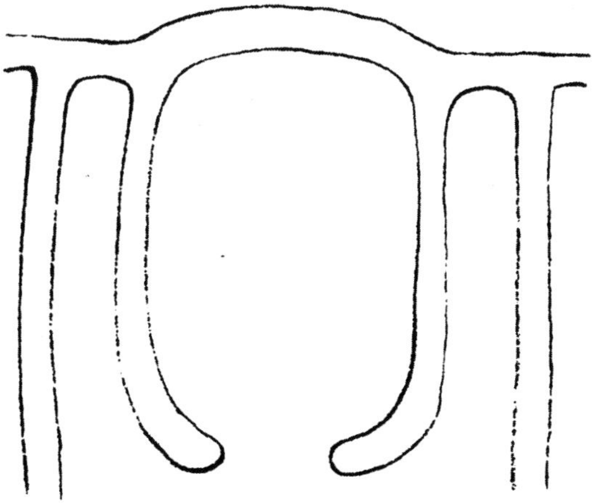

仙掌撫琴無足取

左右仙宮無足取去之

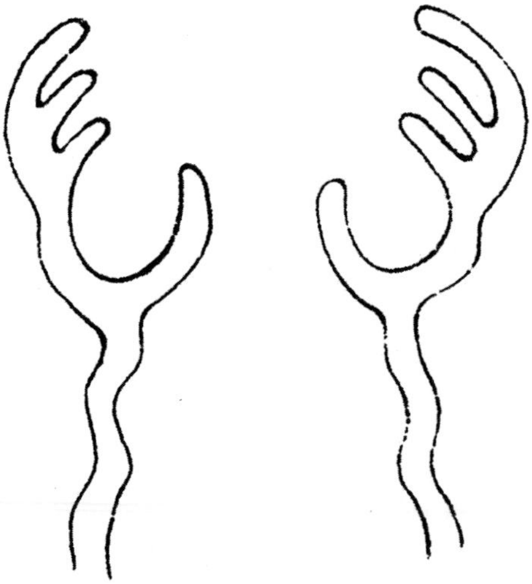

家秘本

飛鳳格

三元

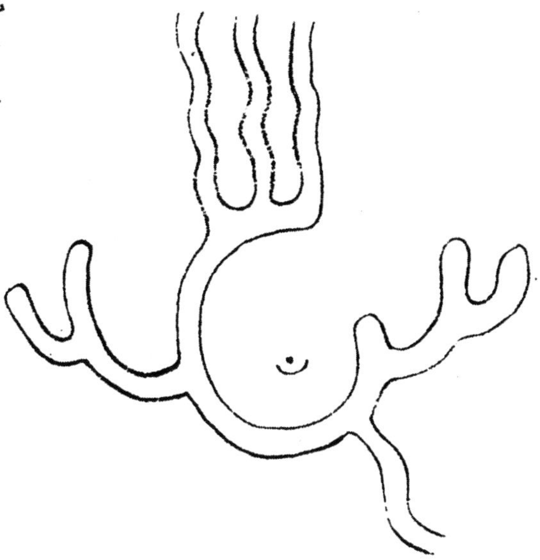

此地雖發貴秀媍其漏氣多未免

美中不足且金水之濫溫風亟是難免

開弓格

中元

妙在一氣不漏

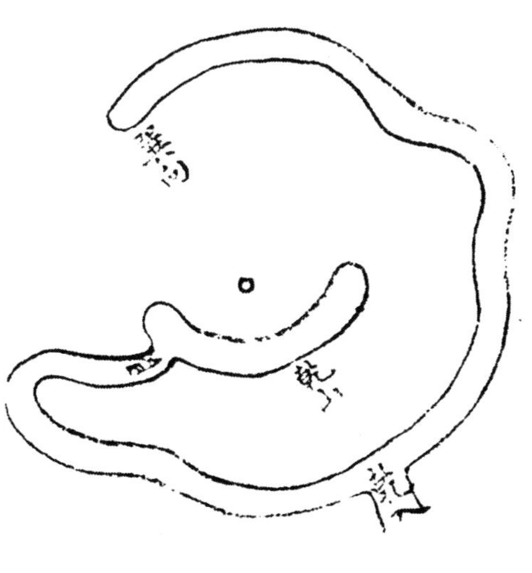

蔡照堂傳

垂蓮格

上元

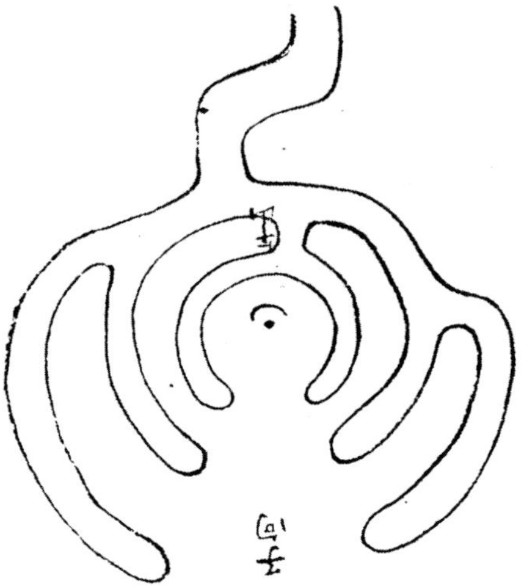

仰蓮格

下元

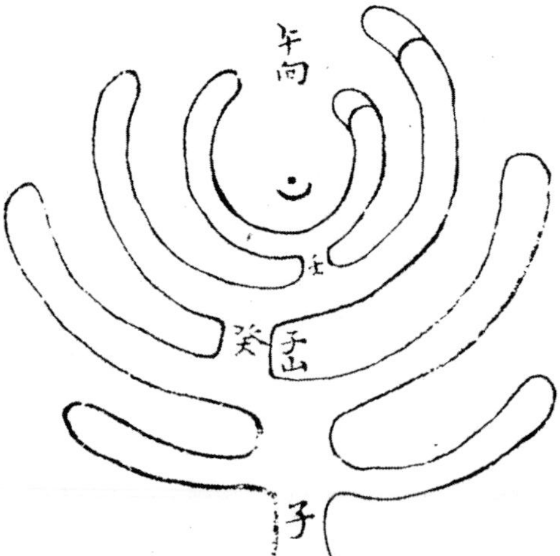

家秘本

盤蛇格

此局囘時取向囘時取局盡

可裁制以扦

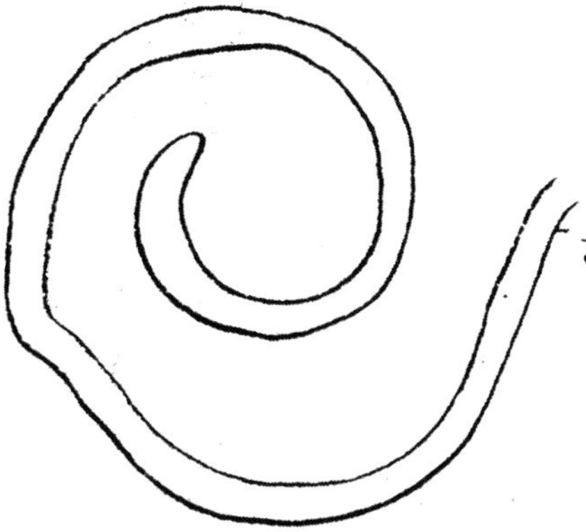

蝦局格

此是下元子向格穴在腦上然必

地形寬大方無向上直冲煞然

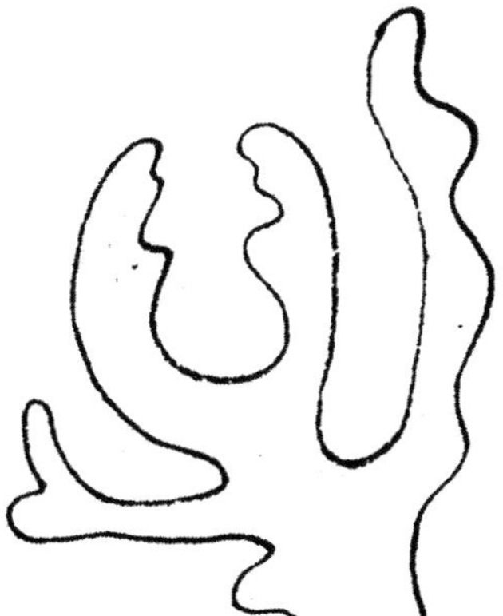

排衙格

應下元扦

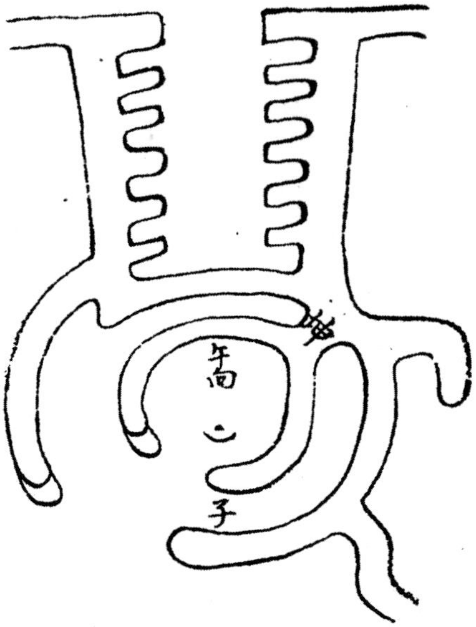

太極格

此是四隅齊到之交焉局

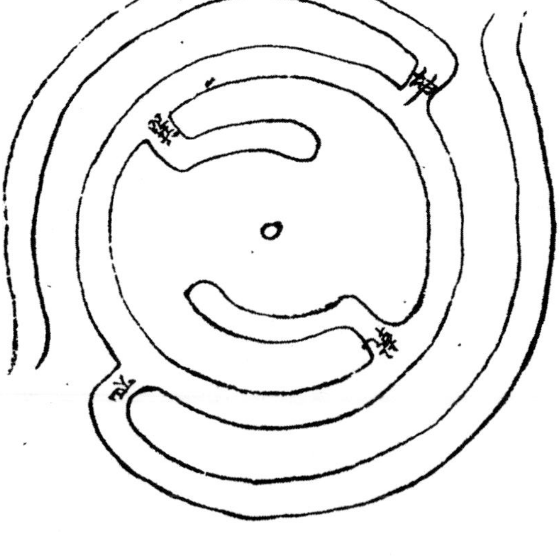

美女獻羞

此局雖秀麗雖發秀必主貪淫

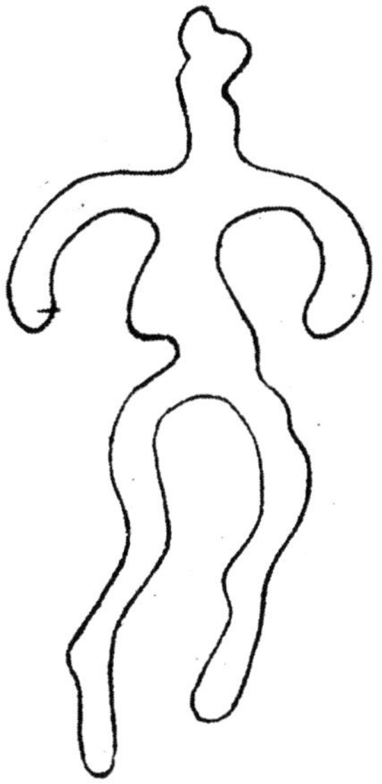

蜈蚣鉗

此是乾巽局雖分滙甚多然直冲畢竟有煞焉

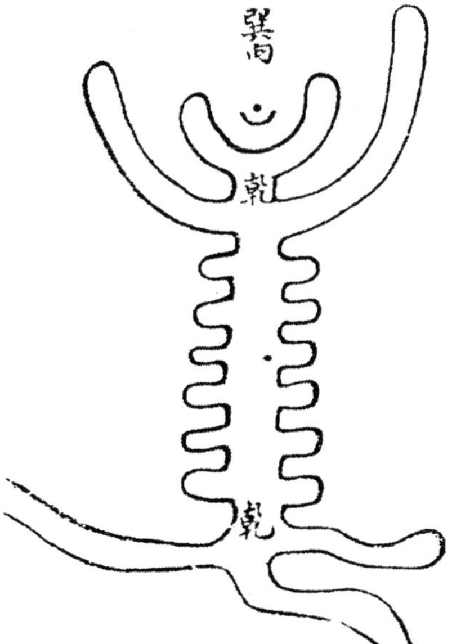

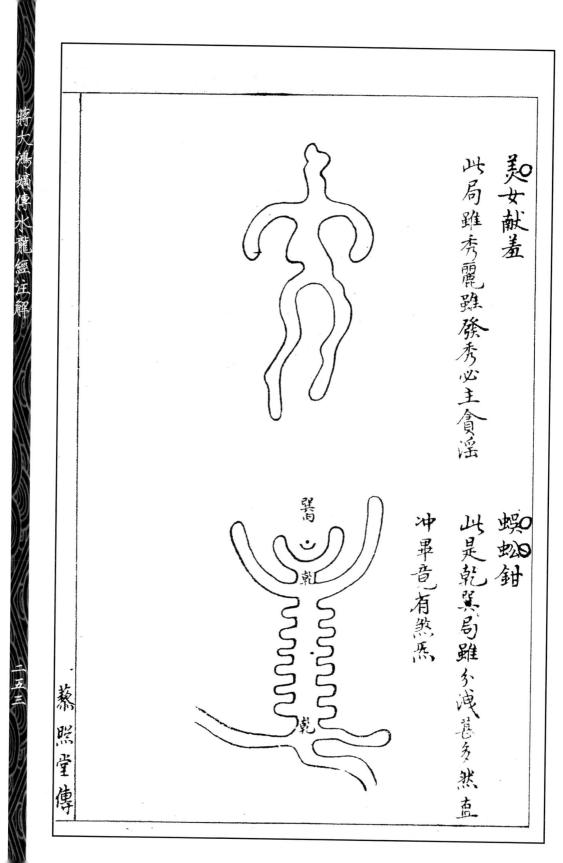

伏蔭金魚

上元

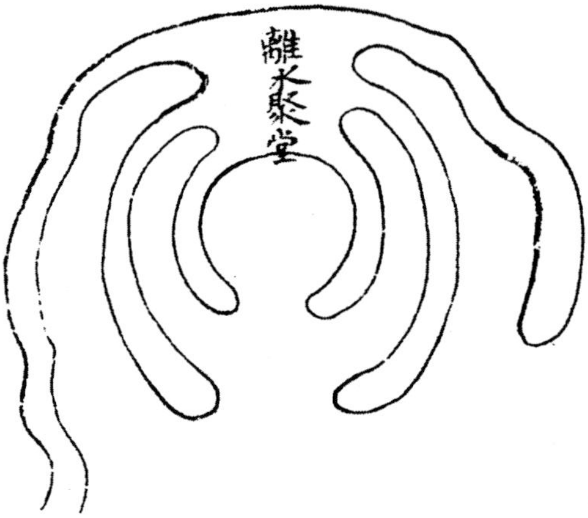

叉股格

此局一無可取

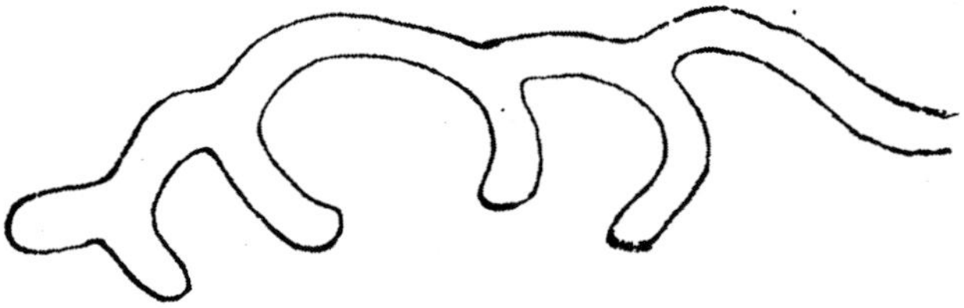

雙龍戲感

此是二八交氣

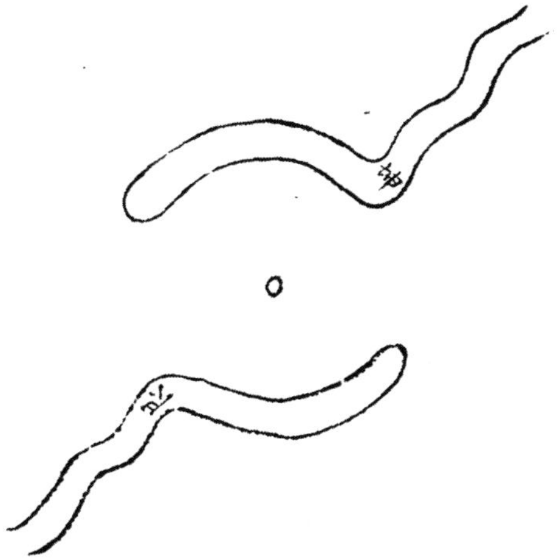

插花格

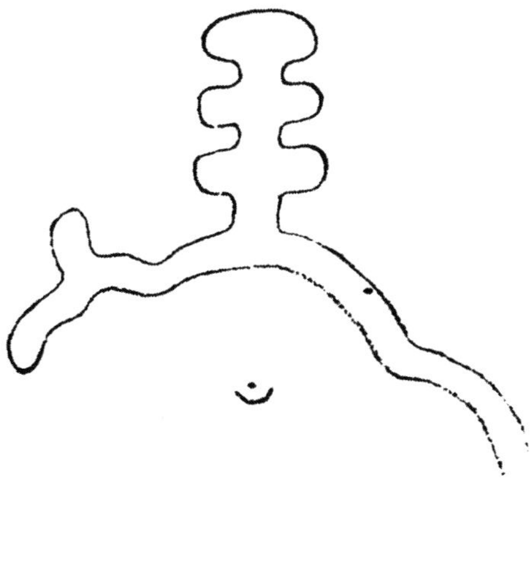

流帶格

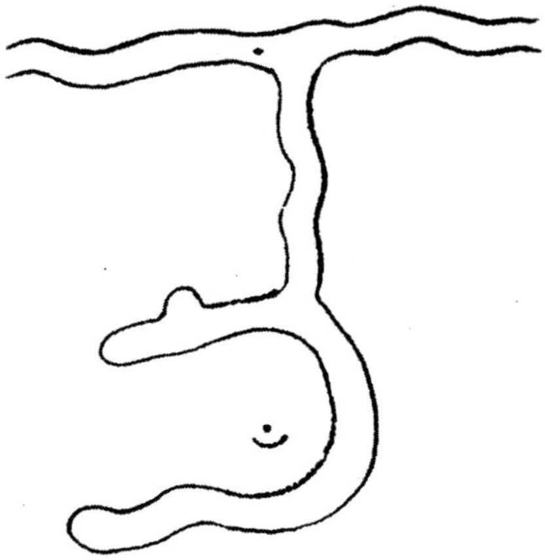

風吹羅帶

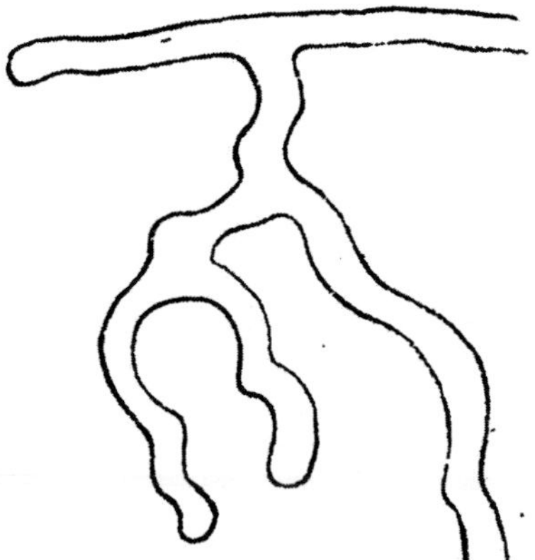

家秘本

金鉤格

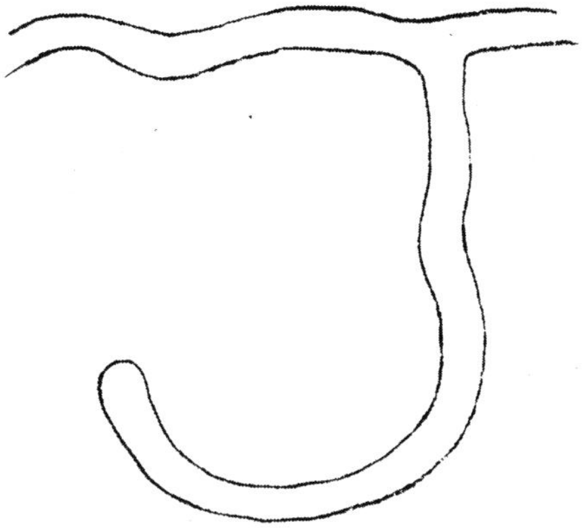

雙鉤格

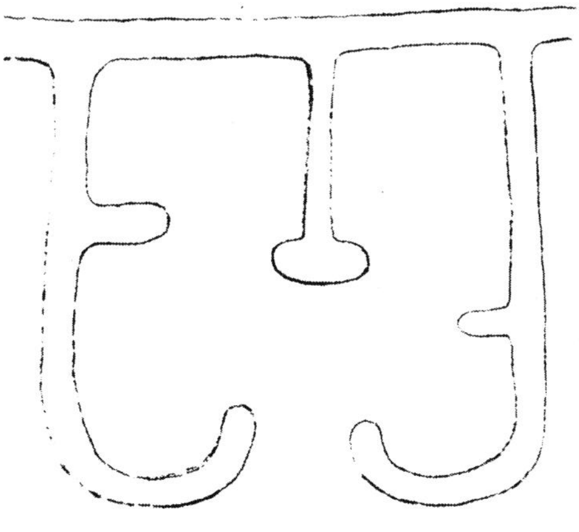

進局抱懷格

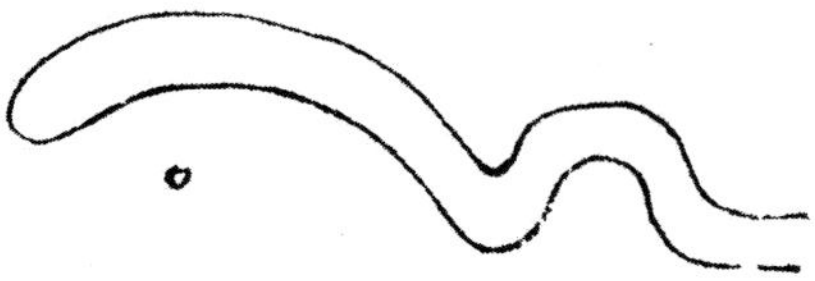

草尾垂露

曰字城格

此是下元子向局子為貪狼

不礙。形局呆板不靈不能發

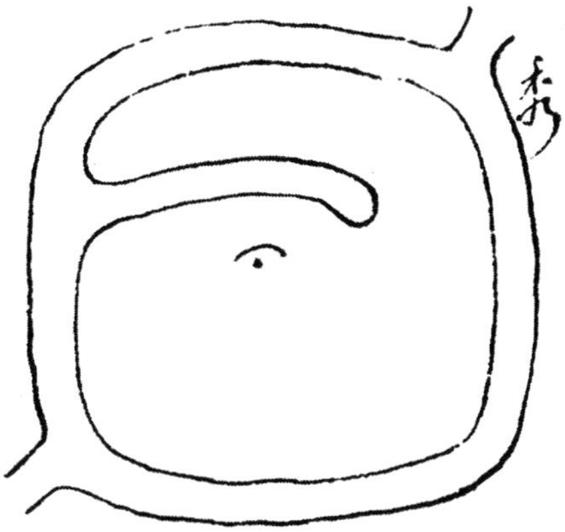

捲簾殿試格

上元中元

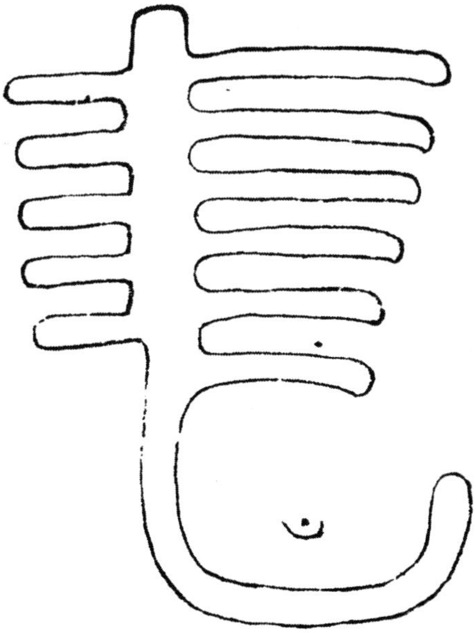

飛旛舞旗格　不吉

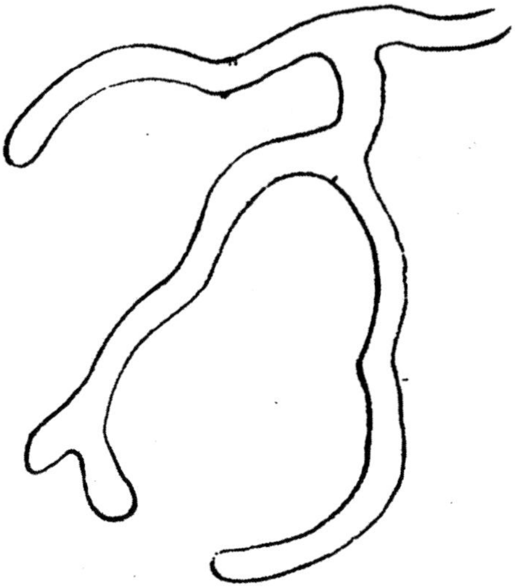

鞋城格　無足取

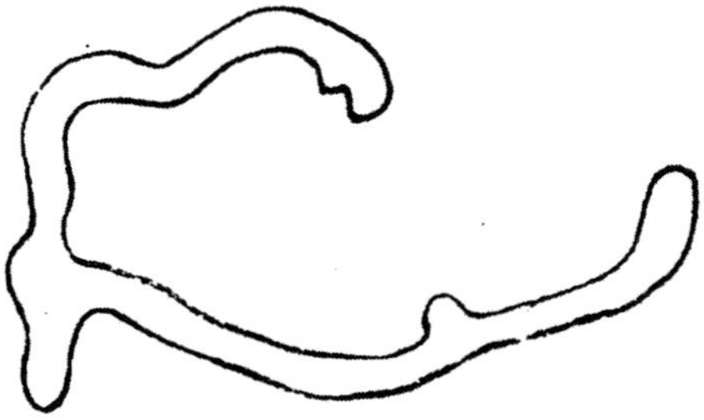

順風船

此局之運不濟何時而行

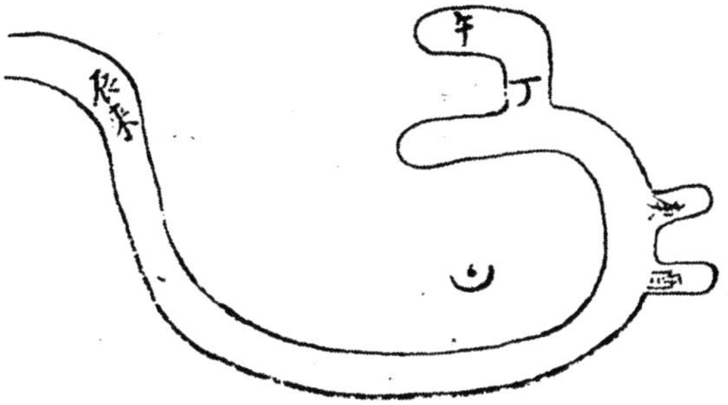

灣弓一抱

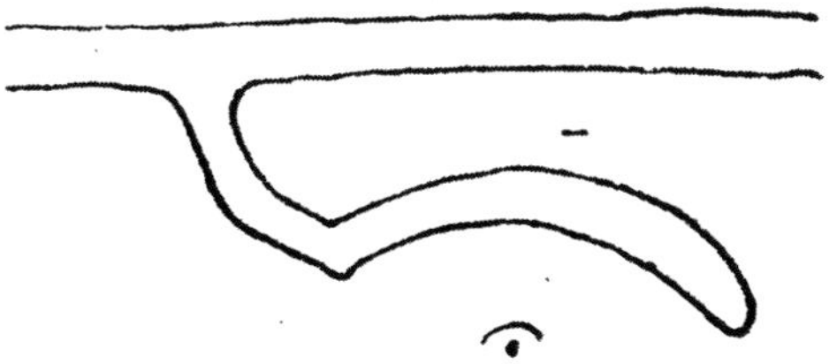

家秘本

回龍顧祖亦曰朝元格

三元

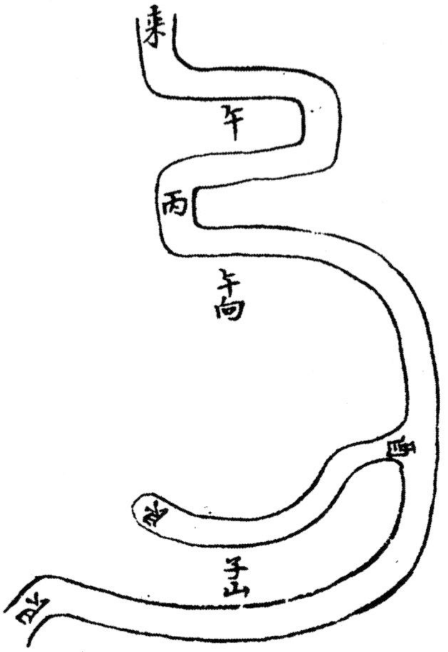

聚堂旺局格

三元

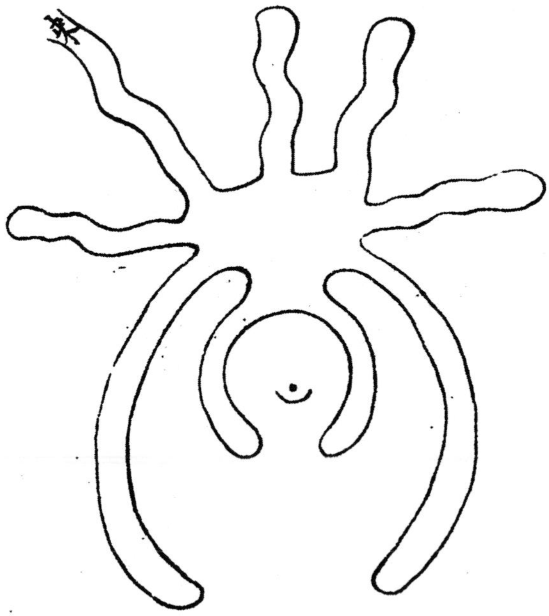

中軍垂乳

此必地局寬穴情遠水故為垂乳之象以引炁入穴也

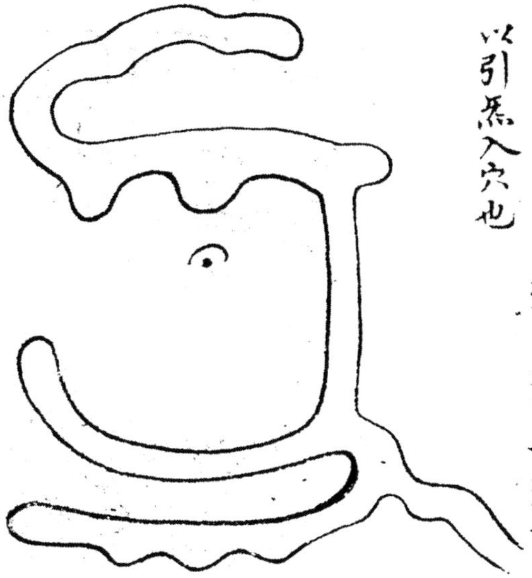

土宿聚堂上中兩元

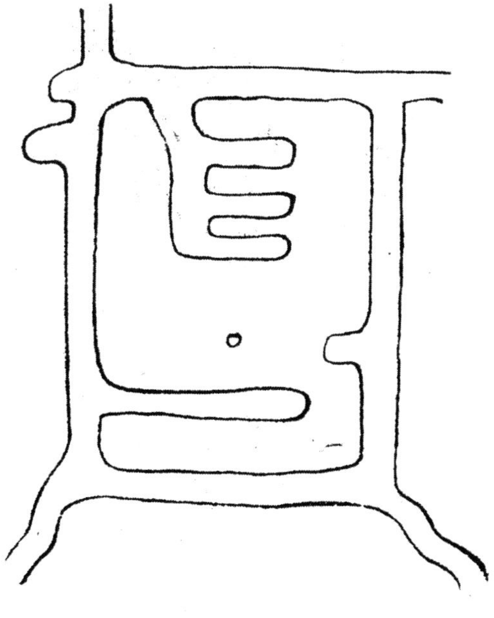

蔡照堂傳

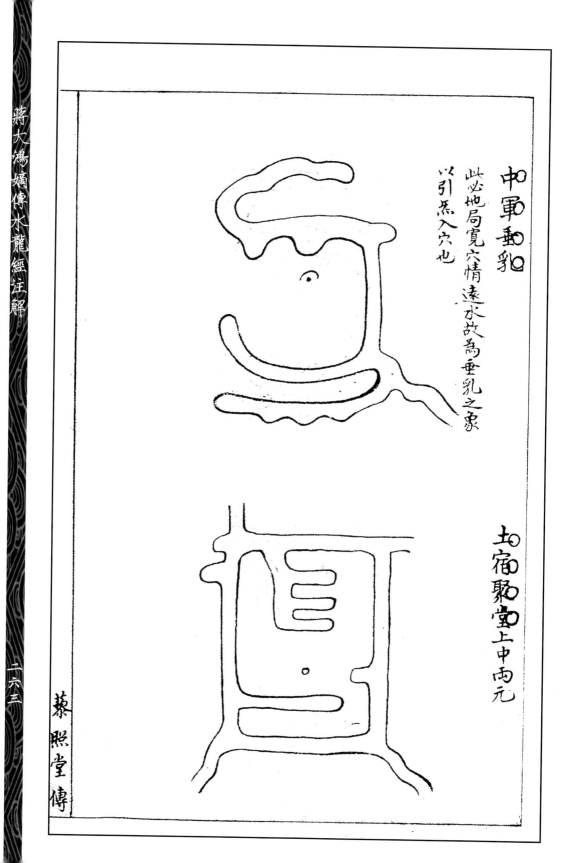

垂節格

上元

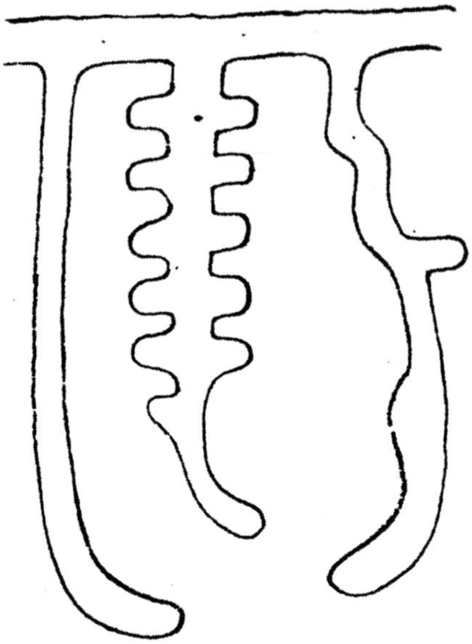

生葢雲芝

下元

橫官龍
下元

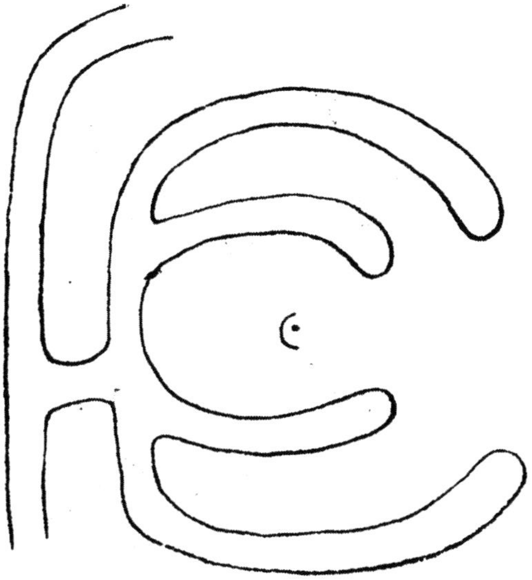

蟠龍格
三元

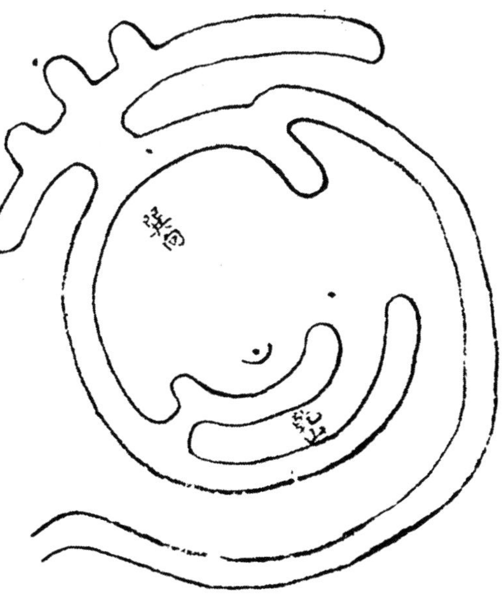

蔡照堂傳

虹飲彩霞

中元

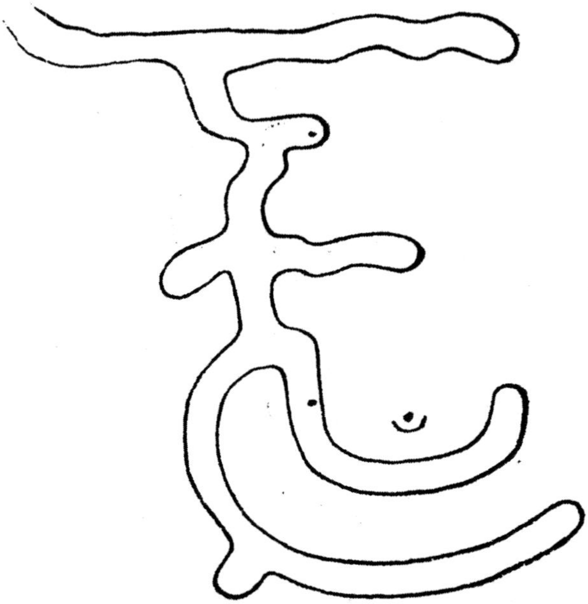

擎傘格

無足取 去之

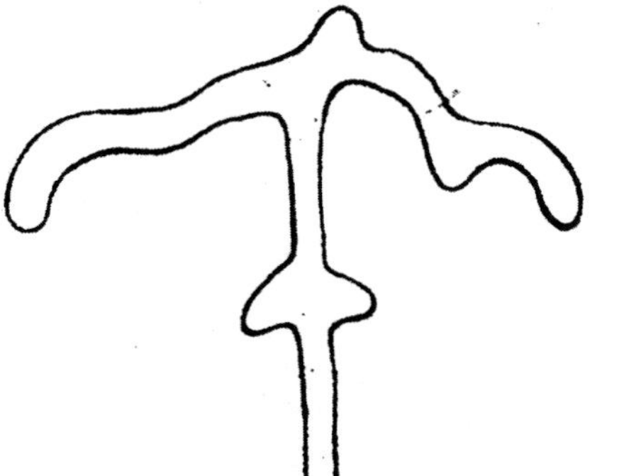

旛花龍

不吉

去之

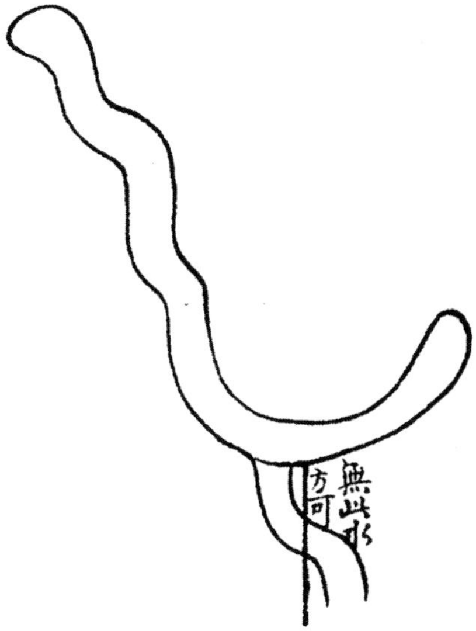

朝元格

下元

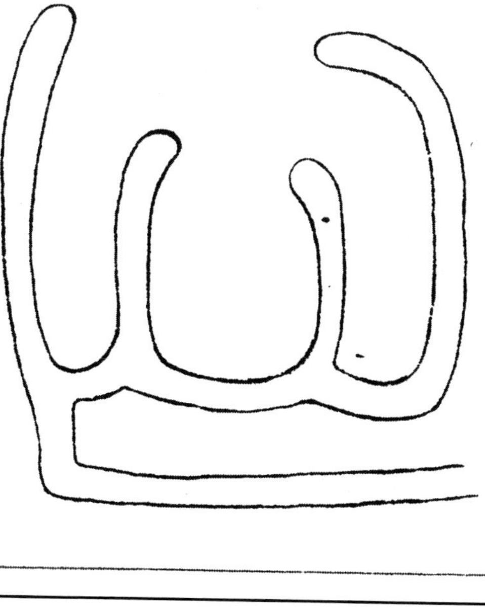

水龍經第五卷

地理之書。真偽雜揉。山龍猶有善本。平洋隻字不傳。世本紛紛。類皆不知妄作。俗士罔識。謬以高山龍法與平洋同論。遂使安墳立宅。盡失其宜。中格合符。百無一遇。固天機之秘。惜亦俗術之誤人。覩此茫茫。可勝悲惋。予自得無極真傳。洞悉高山平夷陰陽二宅秘旨。曾有水龍一書。藏之名山。未敢輕洩人世。庚子春。偕吾友余曉宗過同郡鄒子。客有以水龍經一卷見示。與予所藏大同小異。披覽之餘。深嘆幕講文成三百年來絕學亦有從推測中得其梗概者。其書不知何人所作。考其年次應在神

廟中年。大約江湖術士。歷覽已戌戍之跡。不拘牽於俗論。而自抒
其所見有如此。雖未究精微之詣。亦可謂英絕敏妙之才矣。其
亦有所傳授以及此乎。緣未識三元九宮秘要。又所見成敗與
廢。皆中元甲子格局。其論列方隅體勢。尚多偏曲龐雜之詞。予
為删正訛謬。存其合道者若干篇。綴諸予所藏定本之末。與第
二卷圖例互相參考。雖間有重複。而層見沓陳。益證大同之旨。
庶作者之初懷不沒。而學者亦可以廣義類云耳。

杜陵大卷子蔣平階大鴻氏參訂并題

門人 王念先孝啟氏 鄒廷瑚禹玉氏 仝較

水龍第五卷

此卷皆言近穴貼體星砂朕來去水源尤當以三元八卦九星衰旺之運推之星体得正元運逢旺則為全吉若元運逢衰則星体雖妙不可下也

金星城格

金城化出五星名
尤取金城最吉星
不論枝流并幹水
無分池沼與溝汀
左圍右抱皆堪喜
後倚前朝並可親
若得此形為穴體
管教福至禍無侵

蔣大鴻補圖并題

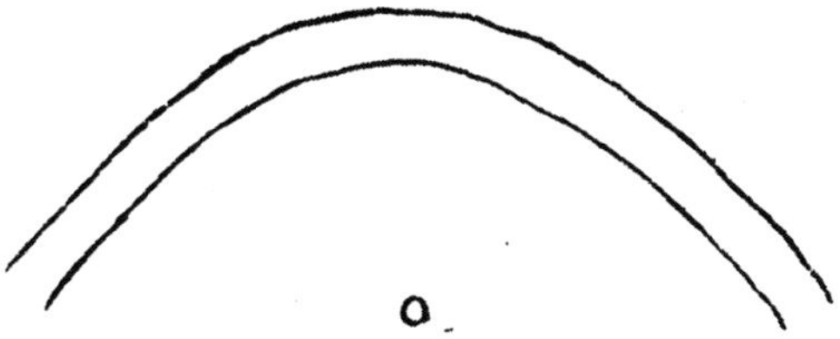

金城凶格 墓宅同

金星如仰外家宅田園敗

墓宅俱凶

藜照堂傳

金水相生格

金星如出水。水短加為貴。又云、

金內水外貴多富少。

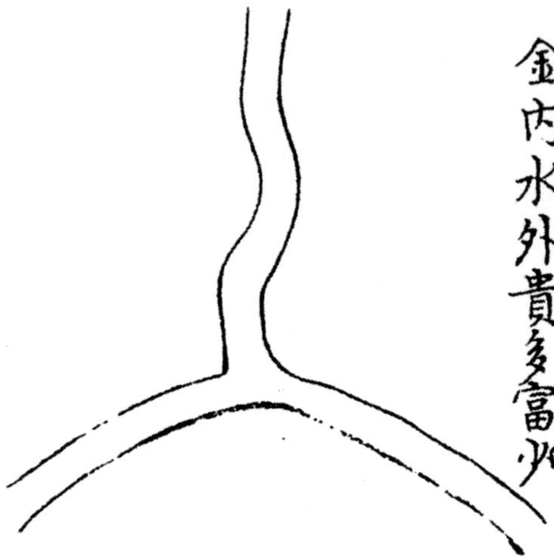

金水泛濫格

蔣公云、此為漏氣多。故亦少吉。

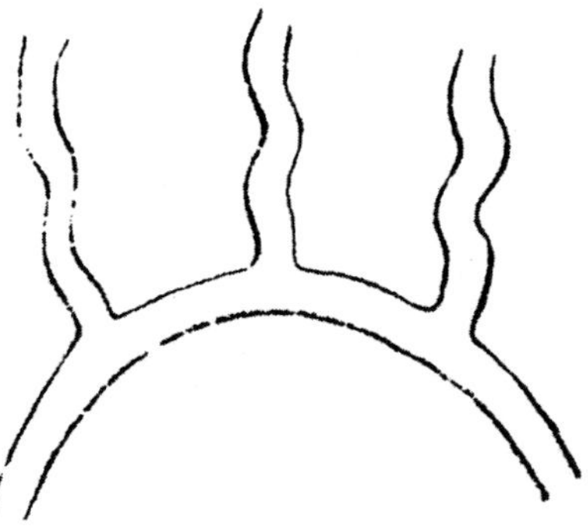

金水太縱橫。泛濫起風殺。穴中若漏氣。
屢損少年人。縱有官和貴。其家必主淫。
不如為寺觀。香火得殷殷。

木撞金城格

城垣之外木來冲。縱然秀麗也為凶。
冲左絶長右絶少。中心仲子不留踪。
房房戶戶皆凶害。忤逆邪淫刑獄中。

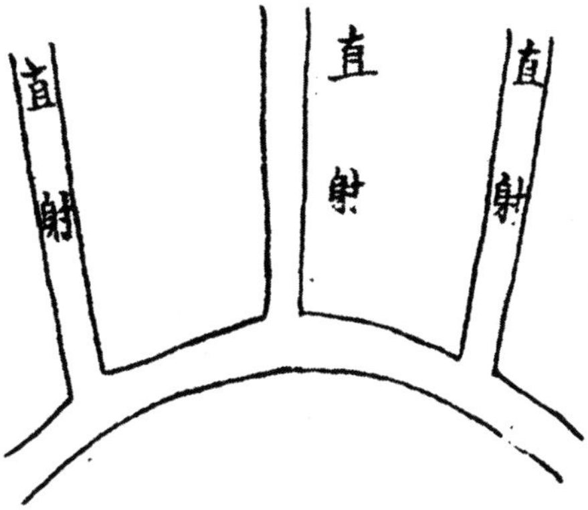

火尅金城格

火直撞金城。火盜與軍刑。又云
金星如火壓。家散人財滅。

水一斜飛。便是火星。

重金格

金星一抱已堪誇。若更重〻福祿奢。
近身貼水加為貴。遠照之時氣脈賒。

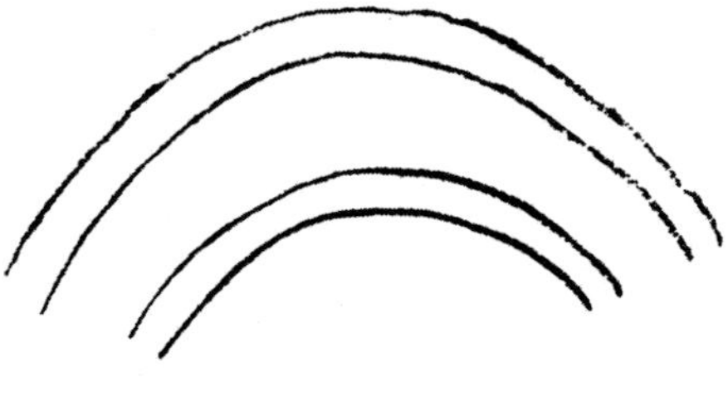

此水城在坐後。須緊貼。若在穴前明堂
須寬抱。

重金凶格

三金如品列。家計常添入。外水似反弓。
吉中未免凶。

水星城格

水城原是太陽精。更有三陽當面迎。
富貴雙全人及第。三元常見福盈盈。

此是攀龍格

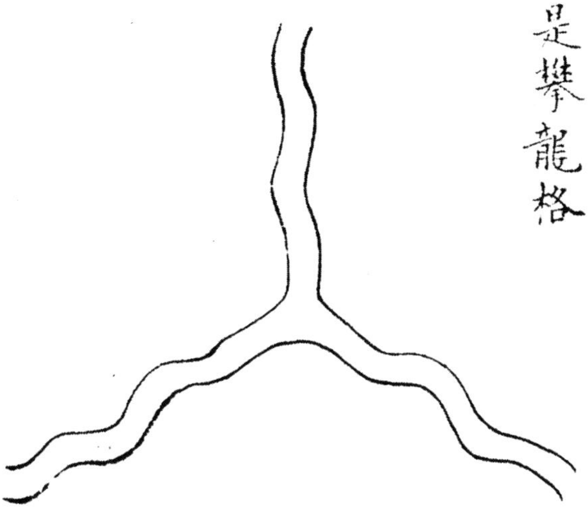

文星格

水如錦浪號文星。即是蘆鞭究委形。
蓋世文章從此出。翰林科甲有聲名。
木星如帶水星來。墓宅逢之富貴哉。
更得金星垂兩畔。官高職顯列京臺。

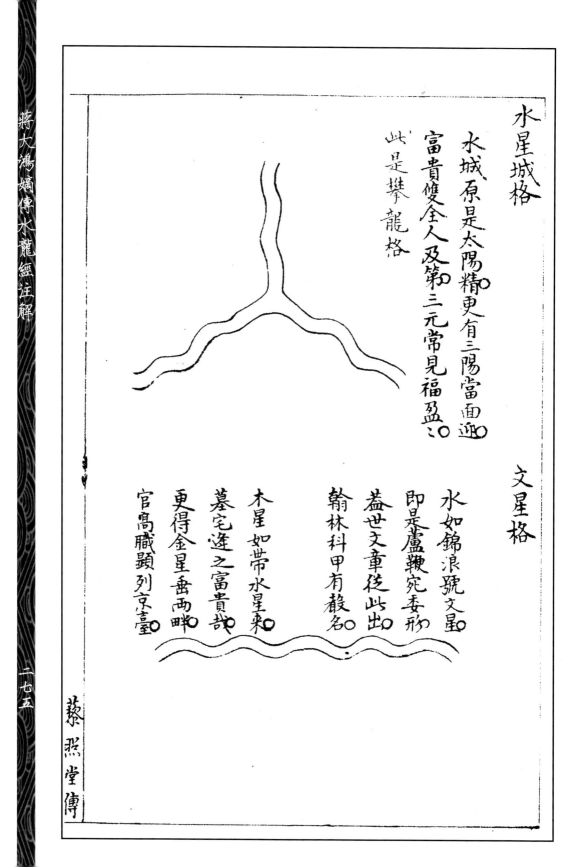

水内木外格

水内木外。發中有敗。又云水星如出和。家計應顛覆。倘或木頭長。還損少年郎。

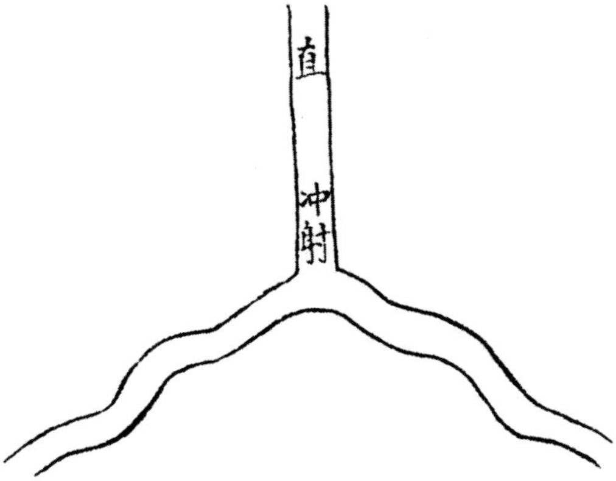

水木交流格

水、星硬大两交流。一房興旺。一房愁。

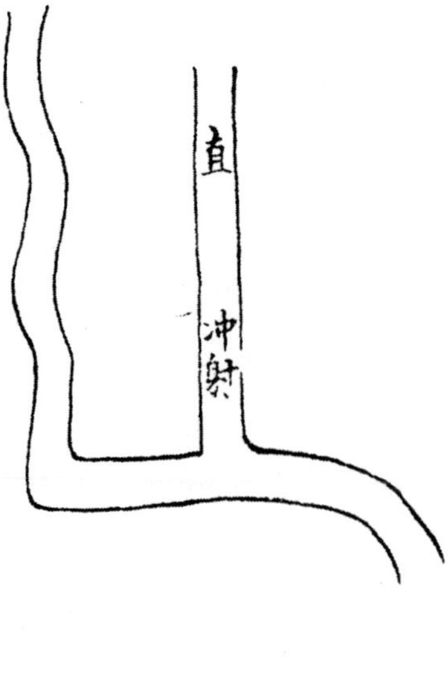

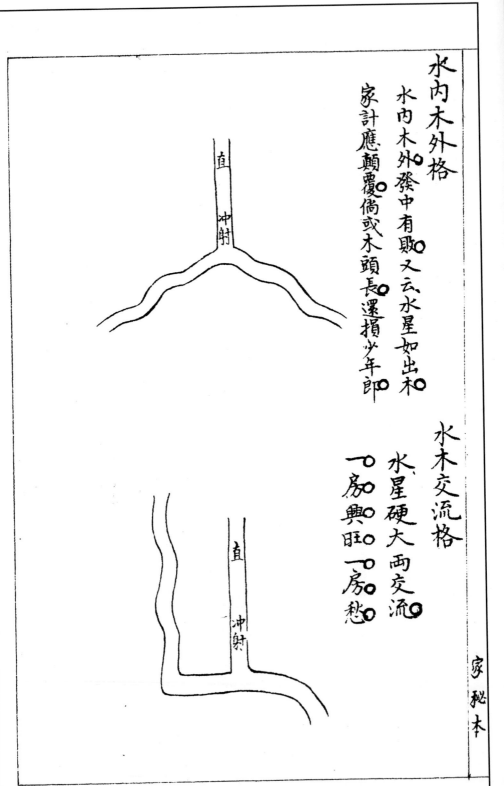

水火相射格

水火若交爭瘟火訟兼刑

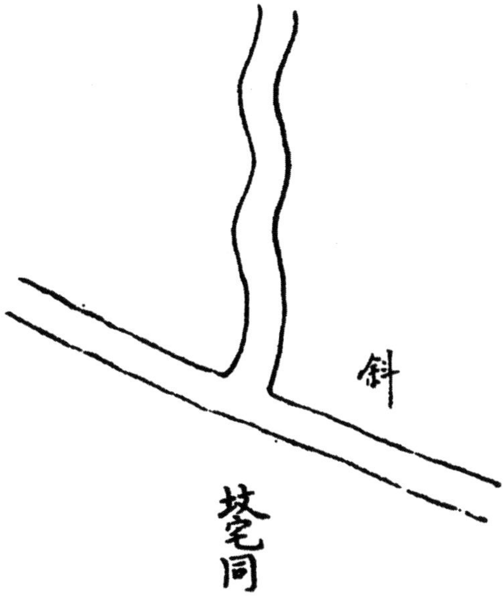

土星城格

土星如曲轉家富進田產

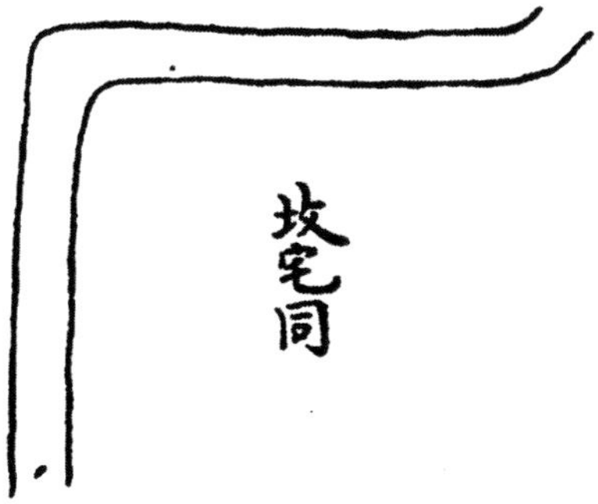

土星內抱格

土星如內抱○富貴盈財寶○

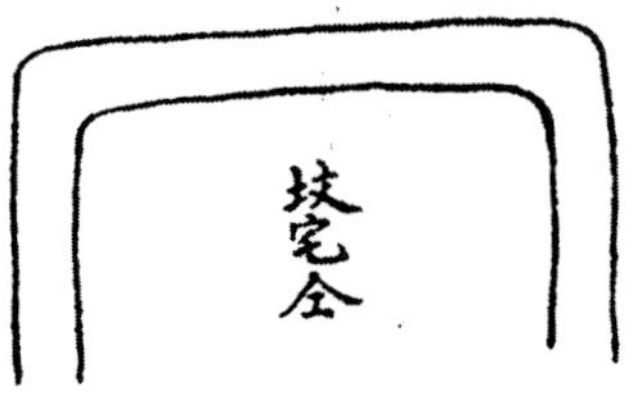

此局中五當令之時、小可發財、餘俱平之

重土格

二土向前橫○家豪頗有名○

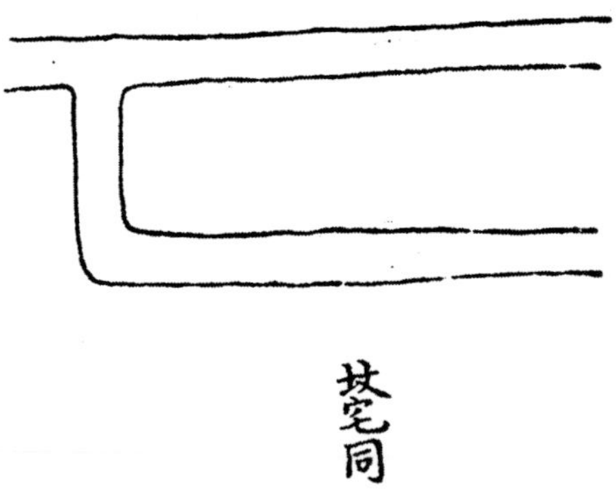

土星仰外格

土星若仰外。無水便離財。

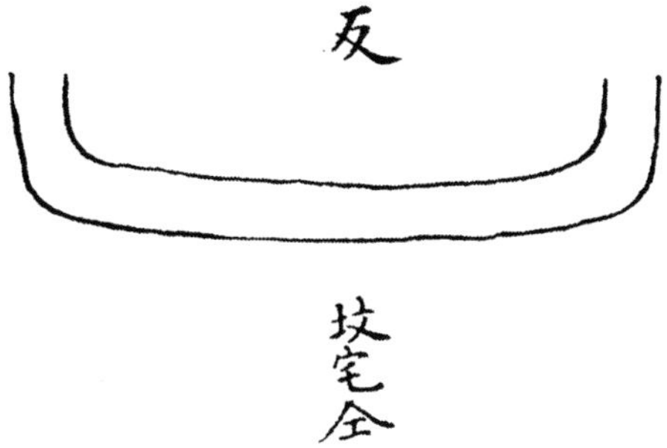

反土格

土星若反飛。無水便財離。

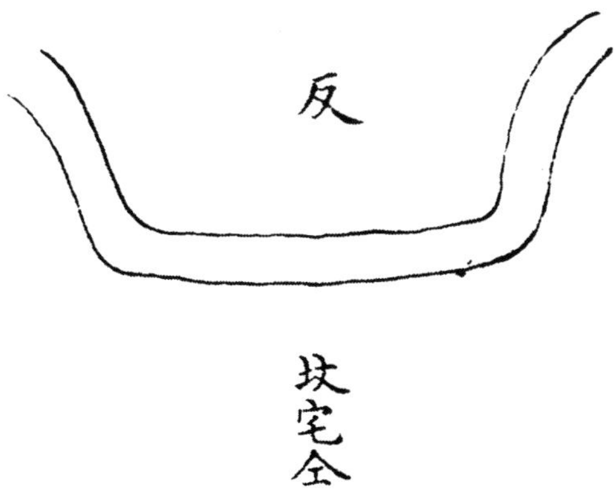

此二局是為龍背縱台元運亦是不吉

橫直木格

橫木直木。撼不堪親。

莫論富貴後嗣伶仃。

直来直去不能界氣無可下手

順逆水格

順水逆水官非祿〻。

客死離鄉退財散穀。

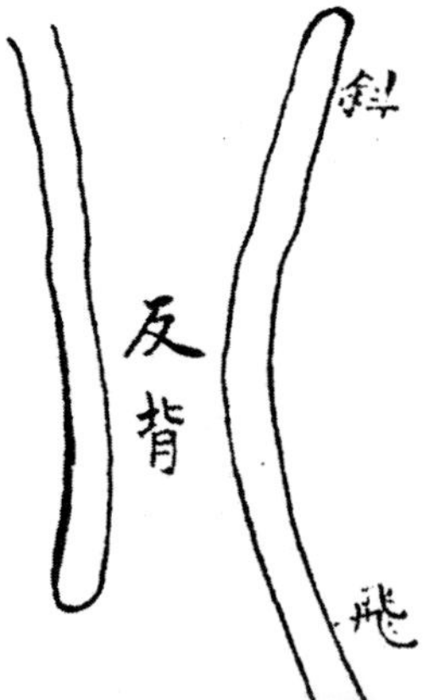

斜飛、反背、不成星体不可論元運

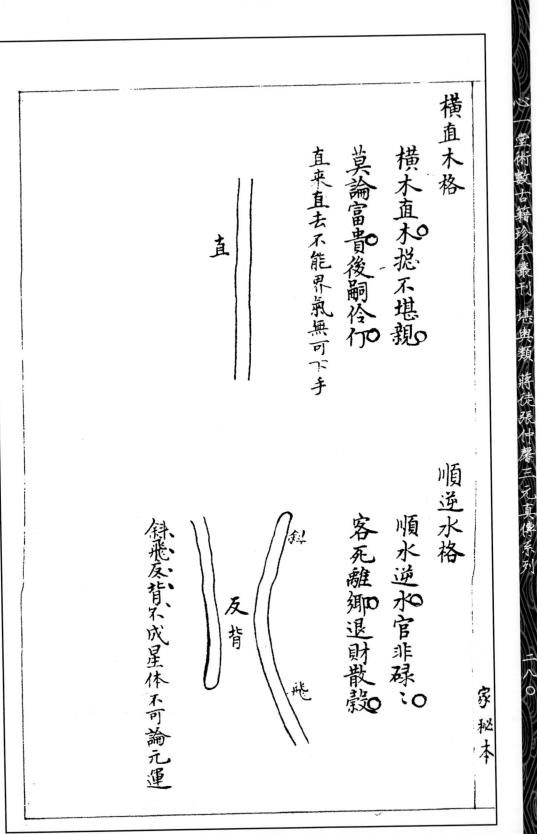

木帶土格

木土曲直來。家富足錢財。

左右同論

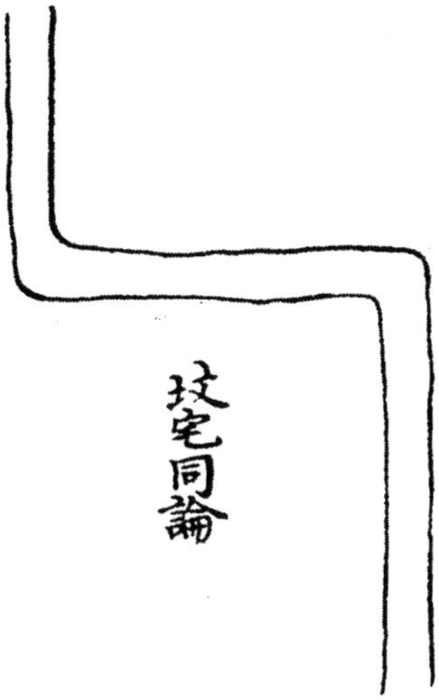

土木城格

木星帶轉土星來。土上安基方有財。若取木星為貼体。尅剝相爭禍患胎。

坟宅仝

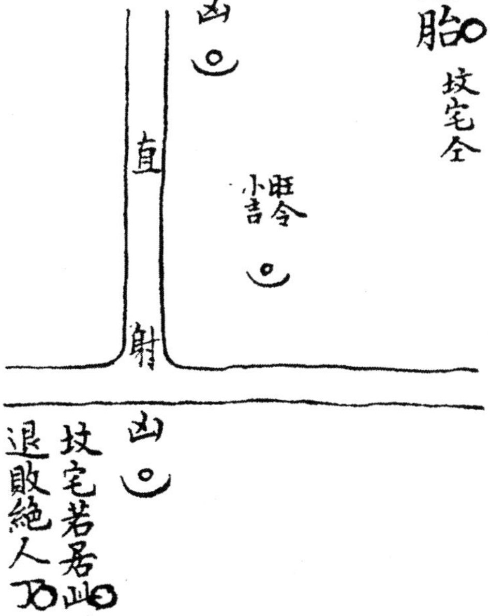

坟宅若居此乃退敗絶人

木尅土城格

二木不宜長○一土怕難當○

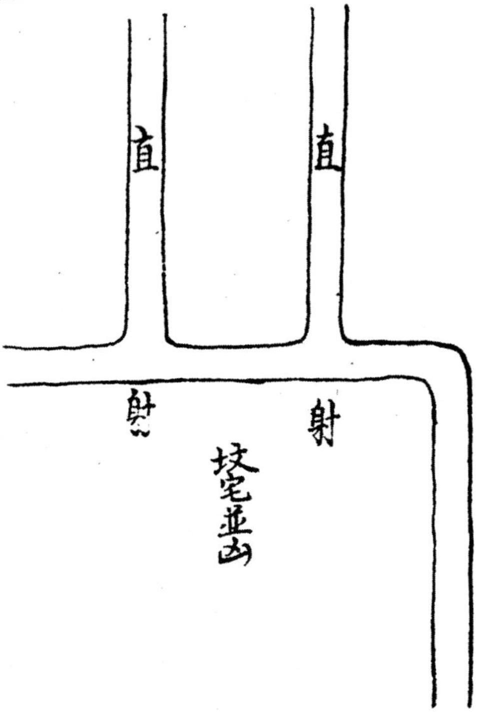

三木尅一土○離鄉人口死○

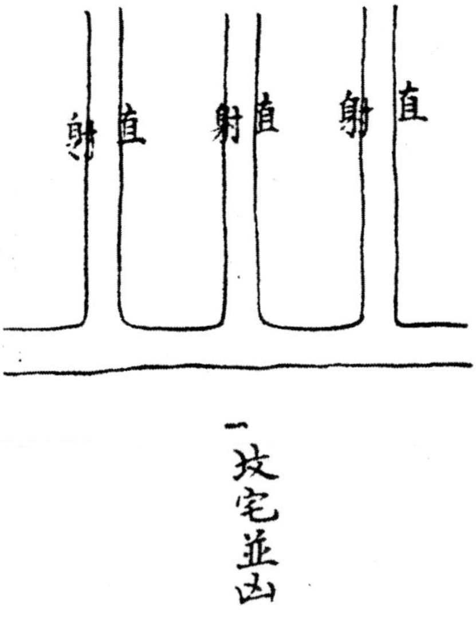

二局三元俱凶

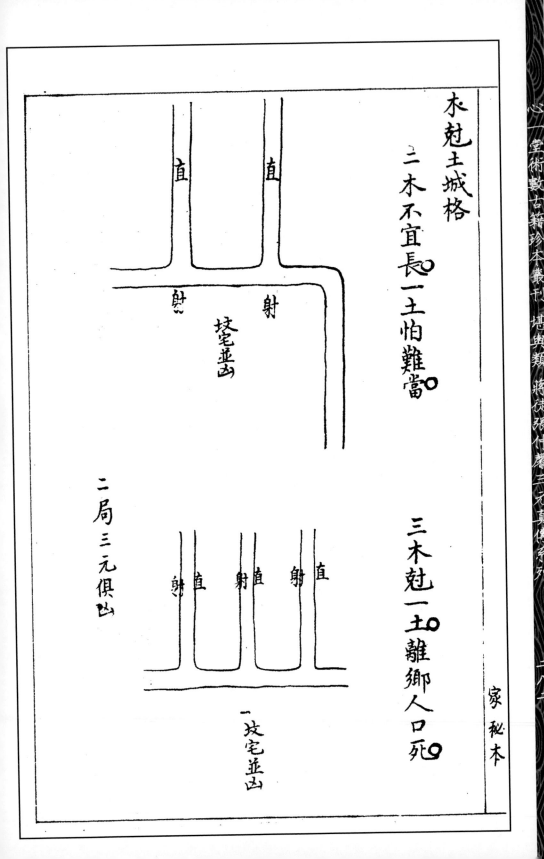

斜火格

五星皆好穴前朝
此宿逢之怕火燒
直走斜飛招訟事
田園退敗尚嘵嘵

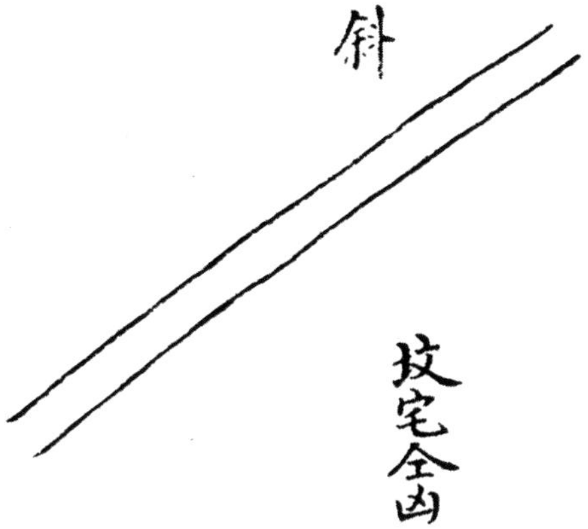

重火格

火星斜走更牽長
坟宅之前最不良
如有水朝來救助
方能人口免瘟癀

這是救助水來的

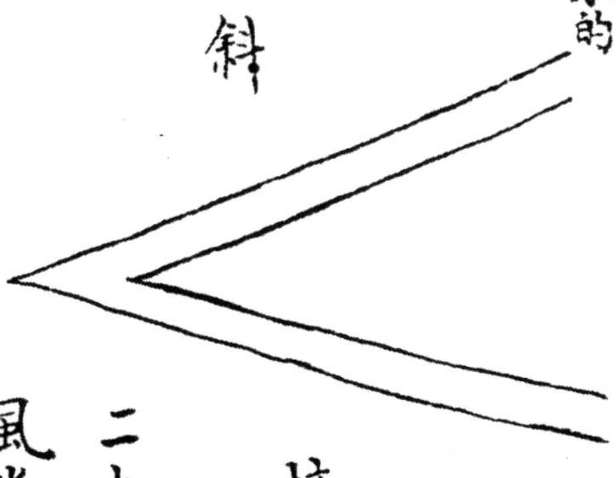

火星曲動最難為
宮訟連綿更損妻
劫盜瘟癀常自有
人離財散各東西

二火相親
風捲灰塵

二火尅城格

二火焱動長。瘟火有災殃。又云、
二火八字開。災非日日來。

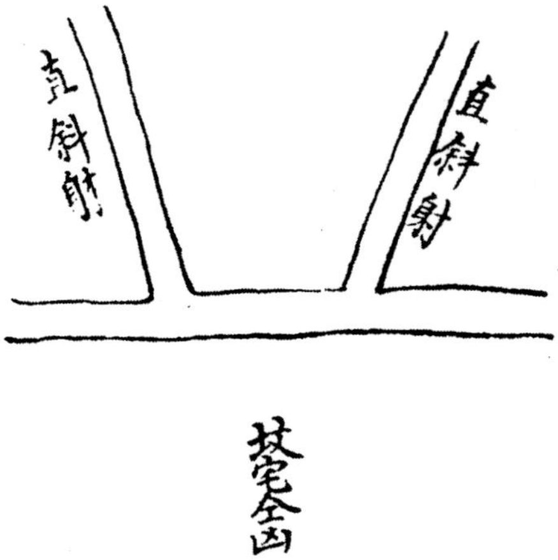

炎火尅城格

殺入城垣。獄訟遭刑。
刼賊常鬧。子孫伶仃。

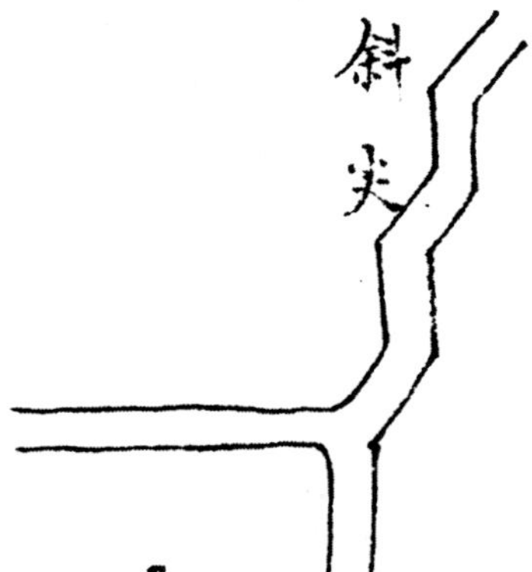

蔣公云凡見斜飛尖利之形。雖曲不吉。
最宜辨之。

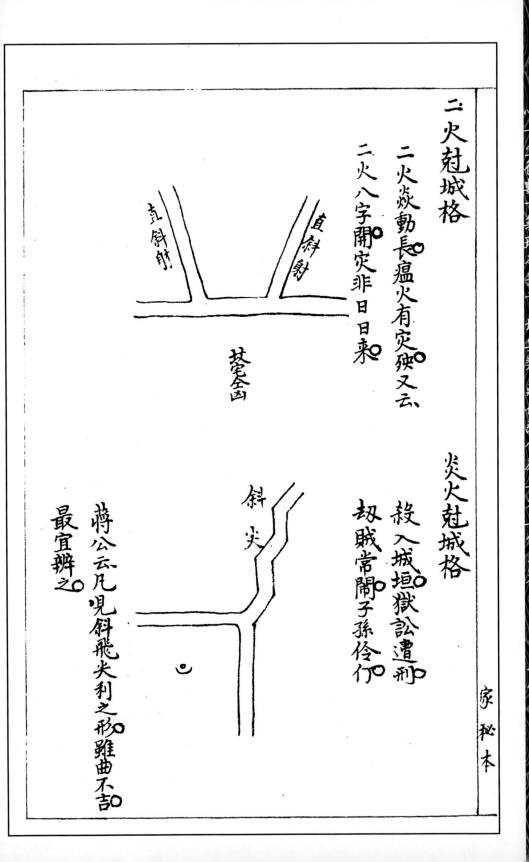

炎動火城格

炎動之城不可輕。水流雖小訟還興。若然城邑多流水。六十年中起甲兵。

抱水城格

龍神灣抱過門前。富貴足庄田。

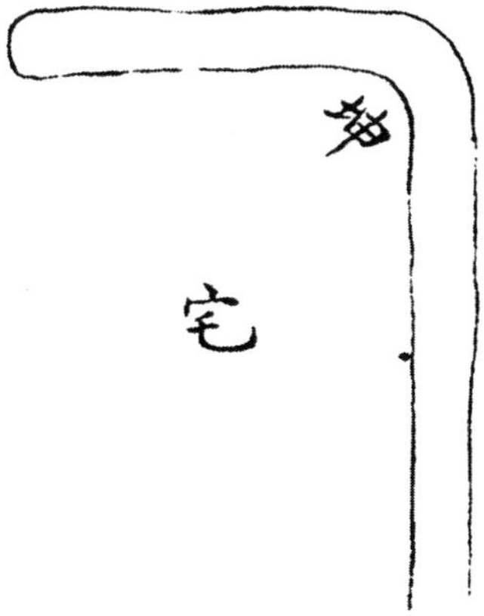

藜照堂傳

抱水城格

龍神抱體足堪誇○下元富貴

達京華○

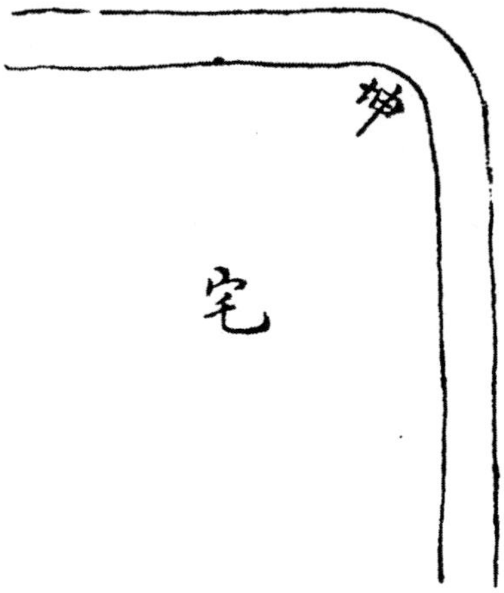

抱氣水格

枝水交抱氣脈鍾○下元逢此定

興隆○

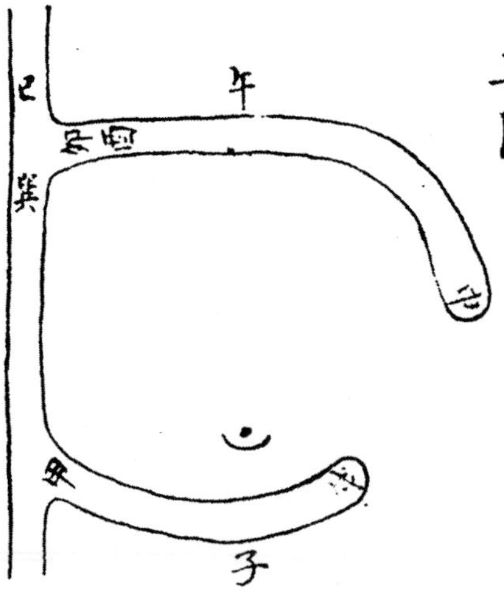

蔣公云妙在後灣○

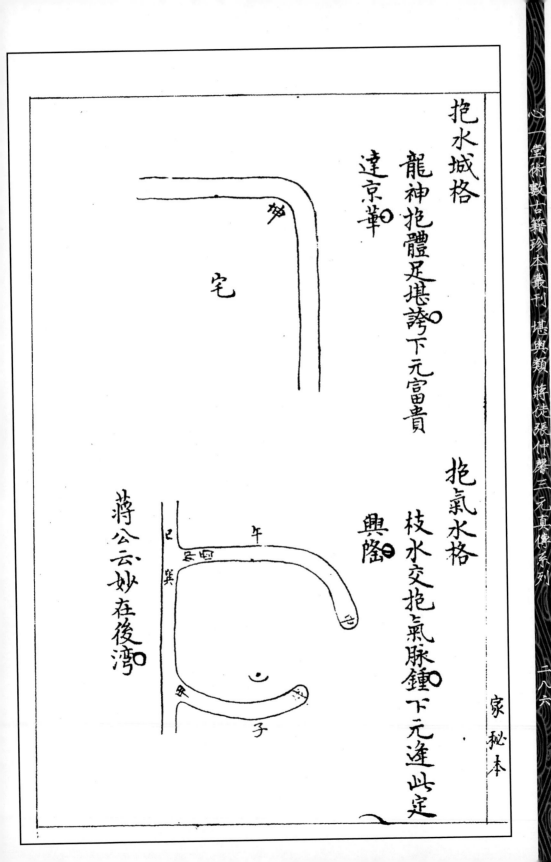

束帶纏身前抱水格

束帶水纏身。家中好積金。
若然為塚墓。久後可成名。

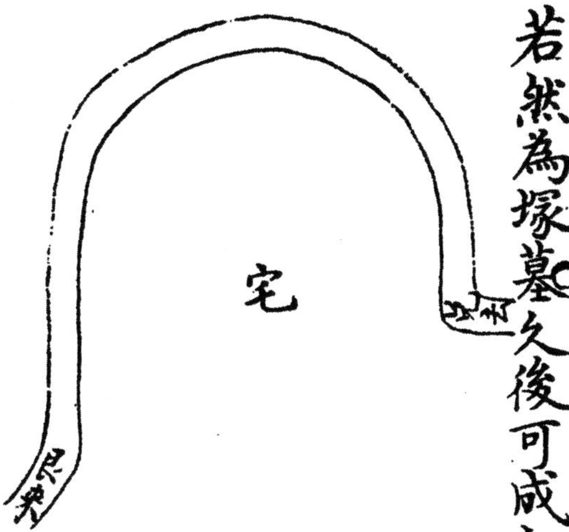

兜抱水格

屋前屋後有池兜。富貴永無憂。

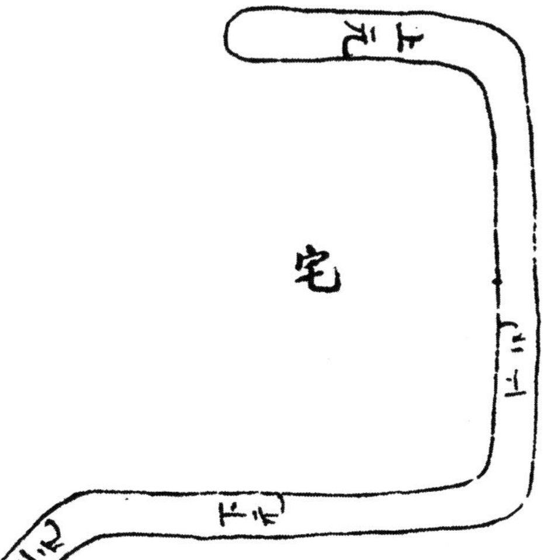

藜照堂傳

後抱水格

水法幾千章。無如後抱良。
回頭看偃月。富貴定悠長。

悠長須看來源骨子

重抱水格

兩重龍來抱屋前。家富及人安。
若然兩抱居穴後。立見家豐厚。

若兩抱居穴後則純乎下元

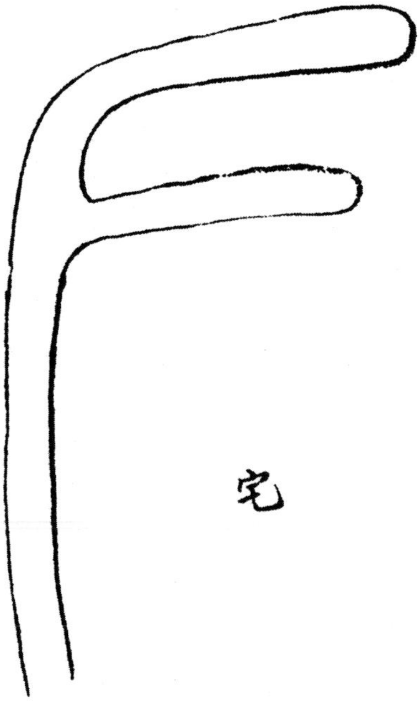

龍骨通身是下元只兩重三陽水是上元

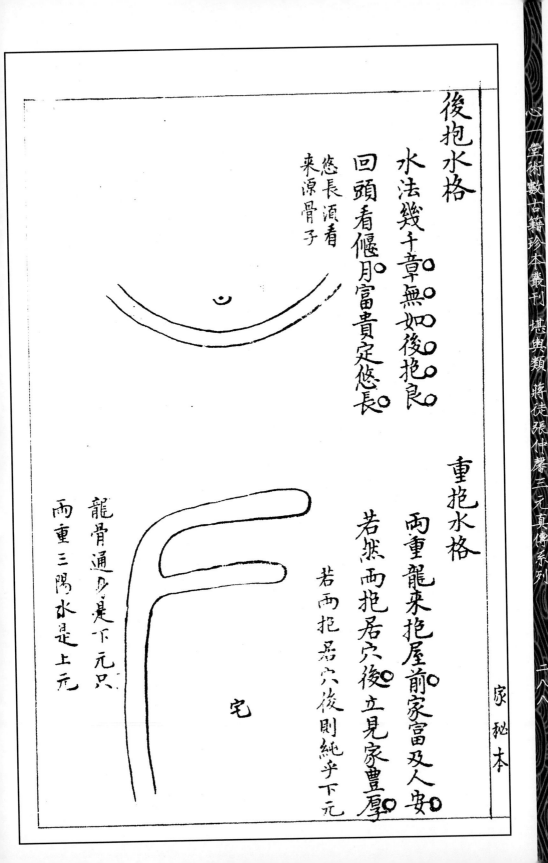

重抱水格

虎水兩重抱宅坎。三。元。富貴足金銀。

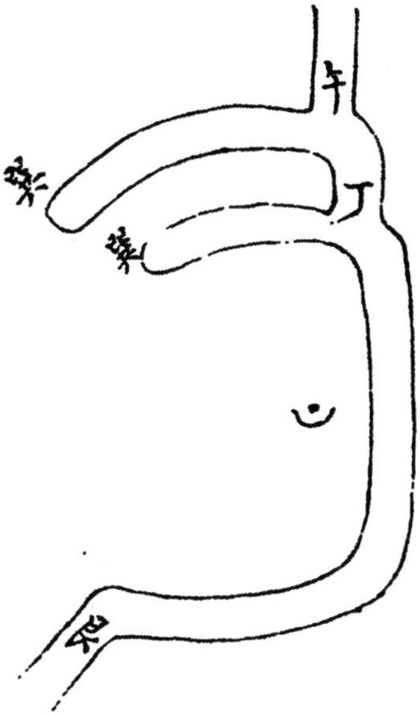

曲抱水城格

青龍水抱身。家富出官人。

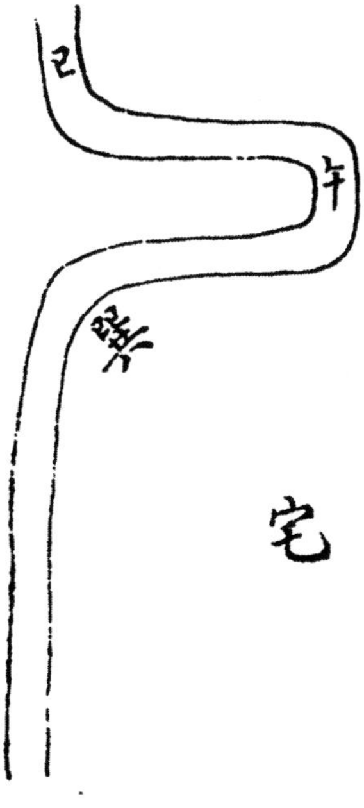

金水大抱形格

一重路抱一重城，金水重重大抱形，更得四旁無別犯，榮華累代有聲名。

遶抱水格

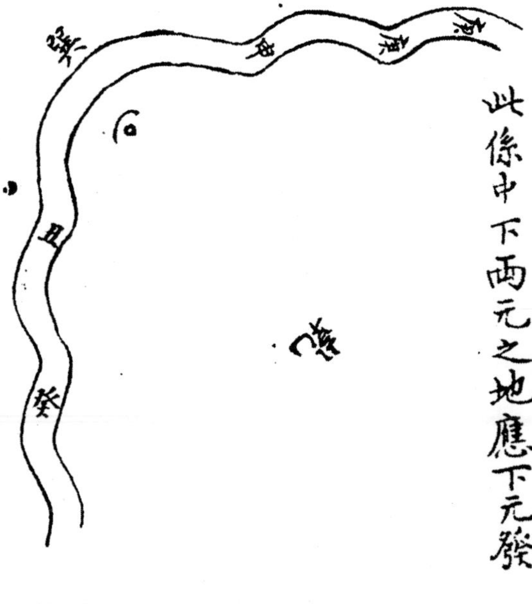

水遶青龍在巽宮，此地中元富貴崇，任他五子房房盛，粟陳貫朽逞豪雄。

此係中下兩元之地應下元發

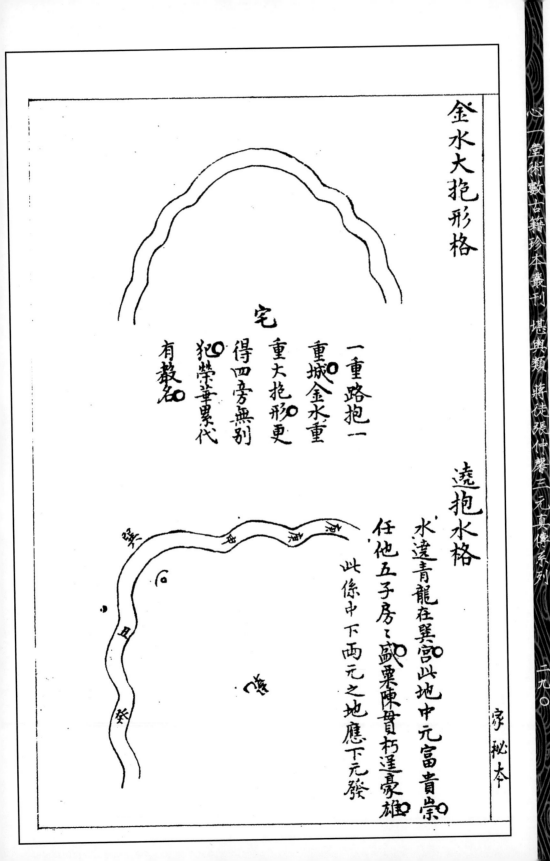

繞身水格

遶身一水最難逢更喜來朝屈

曲中大福之人安宅墓螽斯千

百爵三公

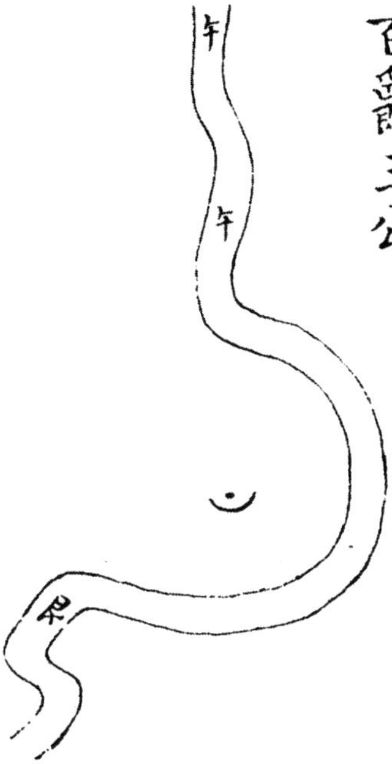

偏旁微抱格

白虎河長帶裏兜

合元家業任君求

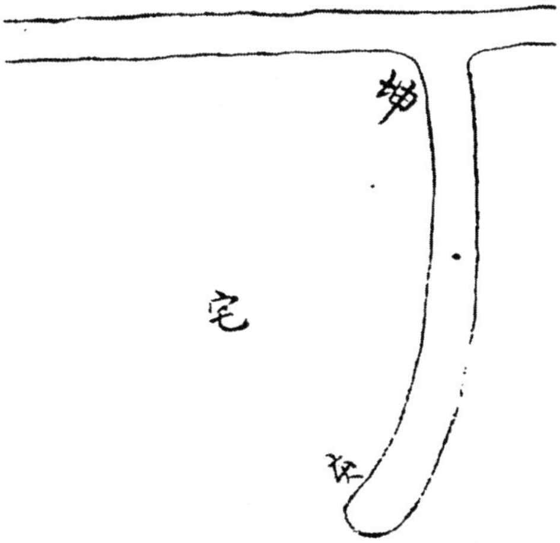

八國城門格

八國周環不動風。五音下着福重々。

三元

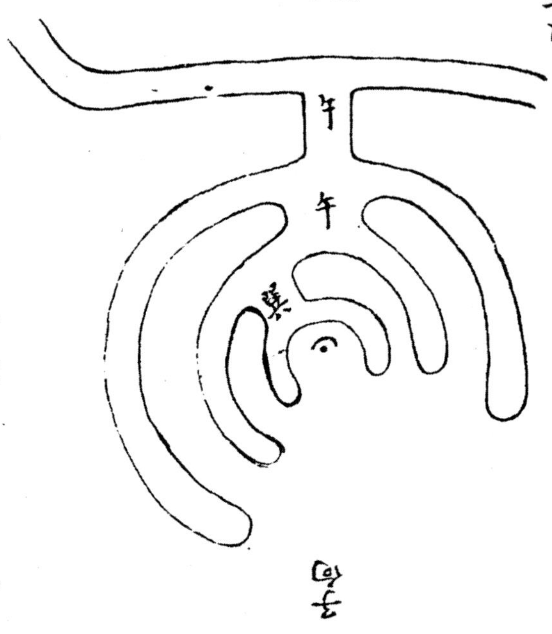

此圖三之城門實地城門都鎖得好

褁頭城格

褁頭城裡莫安坟。刼却東西即動瘟。縱使合元能發福。到頭終是絕兒孫。

逼

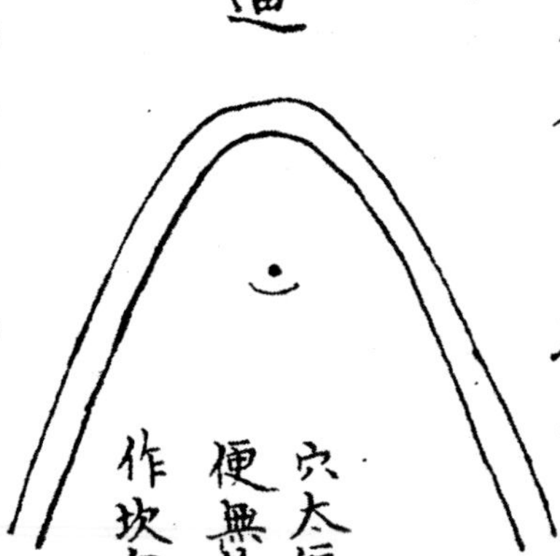

穴太偪窄
便無餘炁。
作坎向上元可發

凡面水不可穴前水逼。坐水不可穴後水遠。

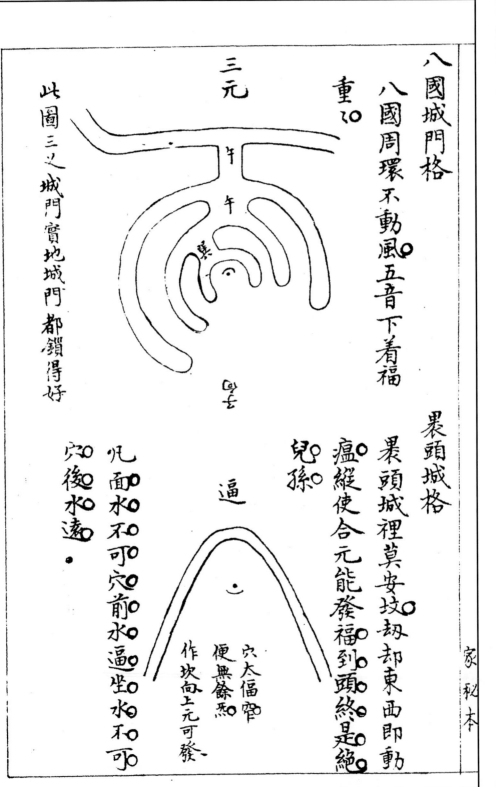

钳水格亦名两水合格

两水合成钳無官却有錢。

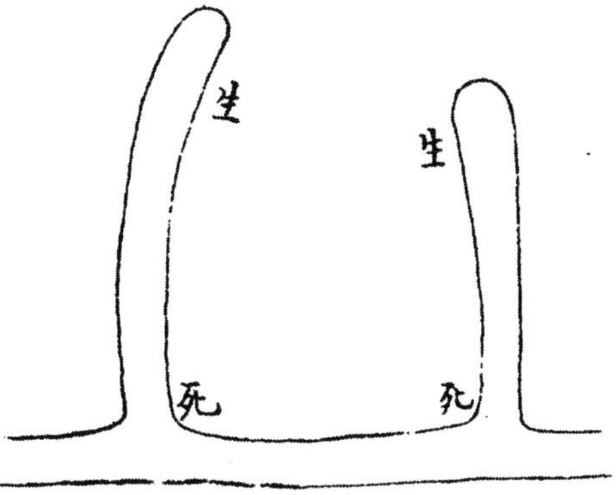

钳水格

水口若高钳。官高且有錢。

此形能出文武双全之人

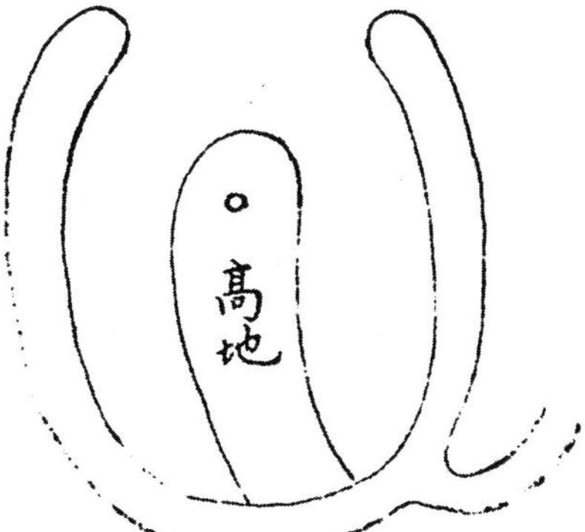

蔣公云。此以水抱而吉。非以高地也。

藜照堂傳

家秘本

金鈎格

曲水似金鈎。富貴此中求。

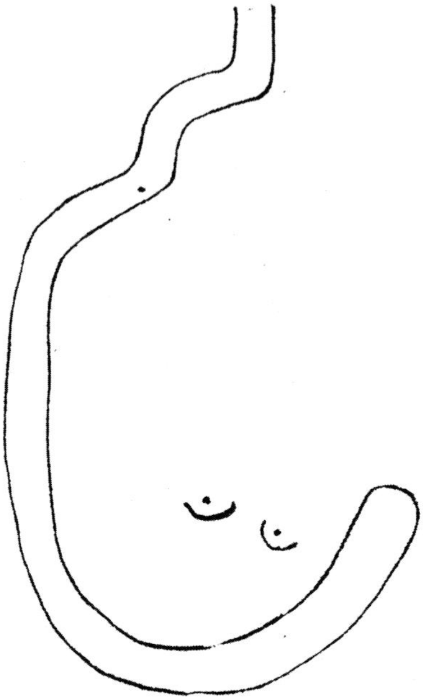

蔭腮水格

一水兩分迴。其名為蔭腮。兩腮皆可穴。居中是漏胎。

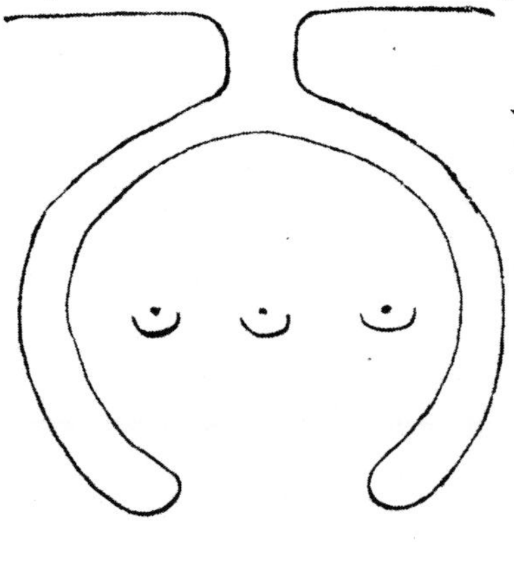

中穴向水攀龍甚佳所嫌坐後有天柱折之象若得坐後一層低一層便妙兩腮二穴來處止處水俱叅雜其謂之吉我不知其何所取也

金鉤形格

金鉤左轉抱身来、富貴足錢財、若是地形能濶大、端的位三台、讚透了

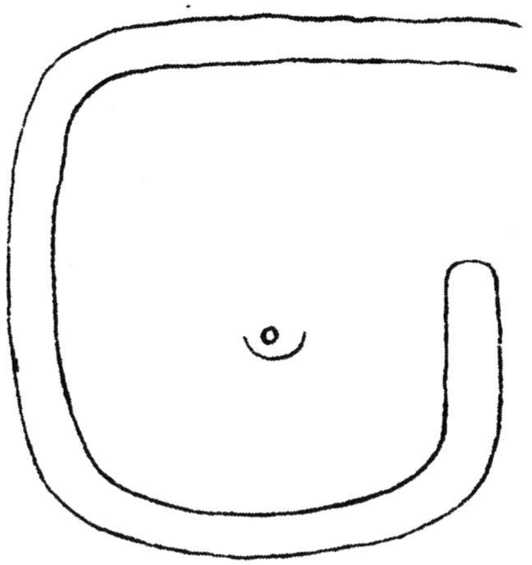

金鉤水格

金鉤左抱形、家富足人丁、

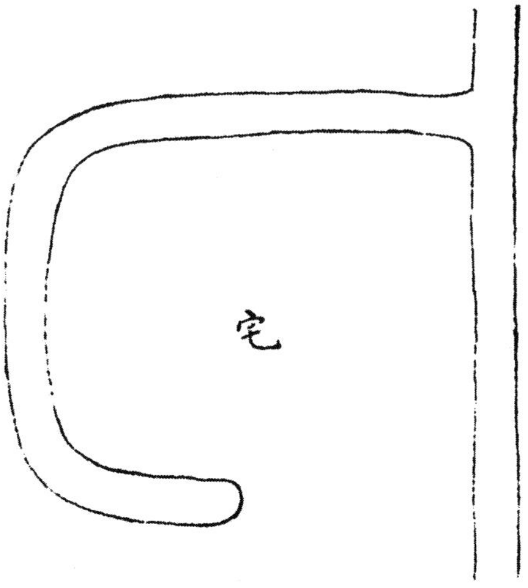

金鉤形格

水来屈曲作金鉤。富貴樂優悠。

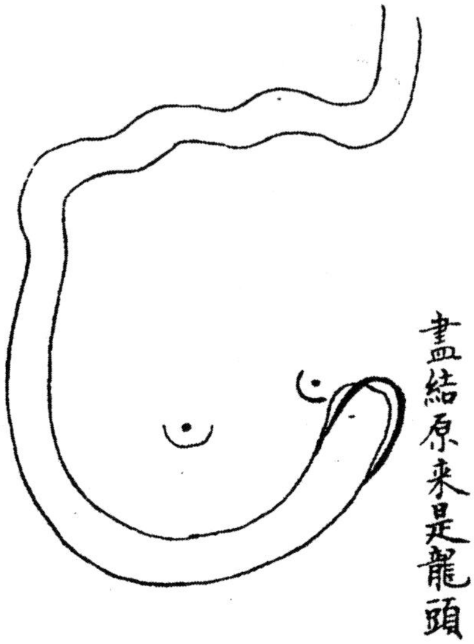

勾心水格

水尾勾来尖射宅。此宅作凶説。

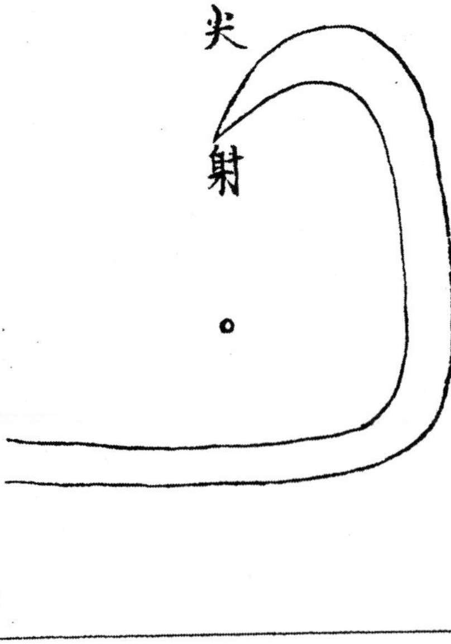

蔣公云、此勾冲在明堂中心。便為射破。

若兜過堂前。勾在左邊。便不妨。

反鈎格

反鈎水格名背城。出人拗性并狂心。更兼手足招風疾。家業飄搖公事興。

乙字水格

乙字之水入懷流。也是回頭龍脉收。穴若有情真得氣。其家富貴不須愁。

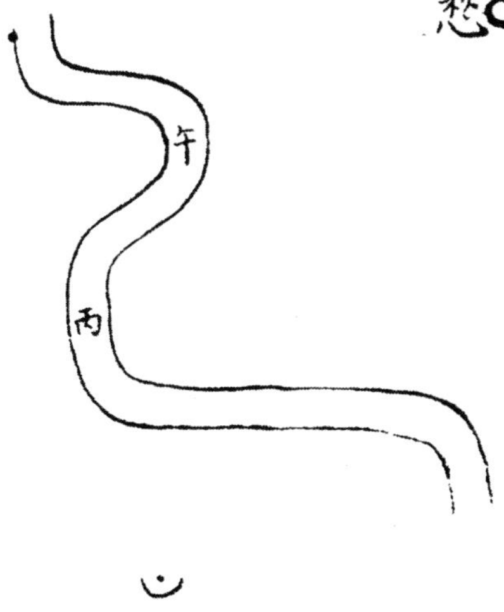

家秘本

之玄水格

之玄水抱是真龍立宅安墳氣脉鍾
三元運合元斯大吉子孫貴顯位三公

此首在下圖

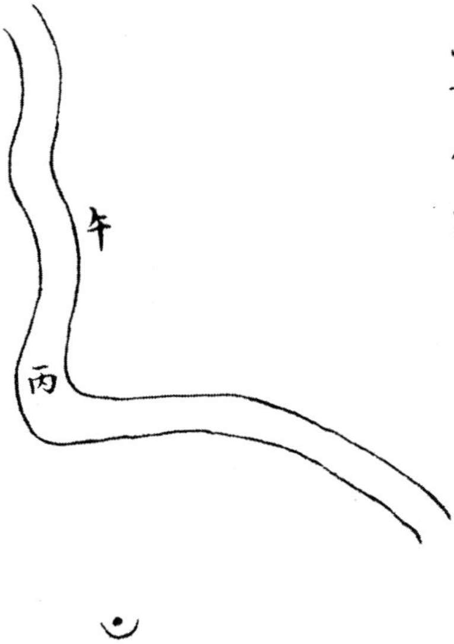

之玄抱身格

之玄之水是真龍來去皆能產鉅公
水若抱身鍾大貴倘然不抱也興隆

此首在上圖

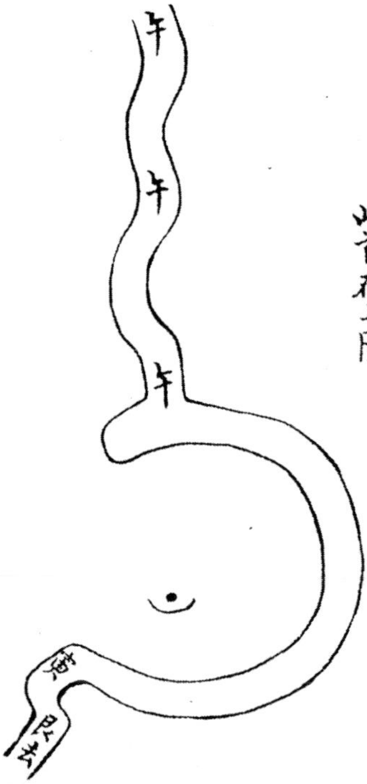

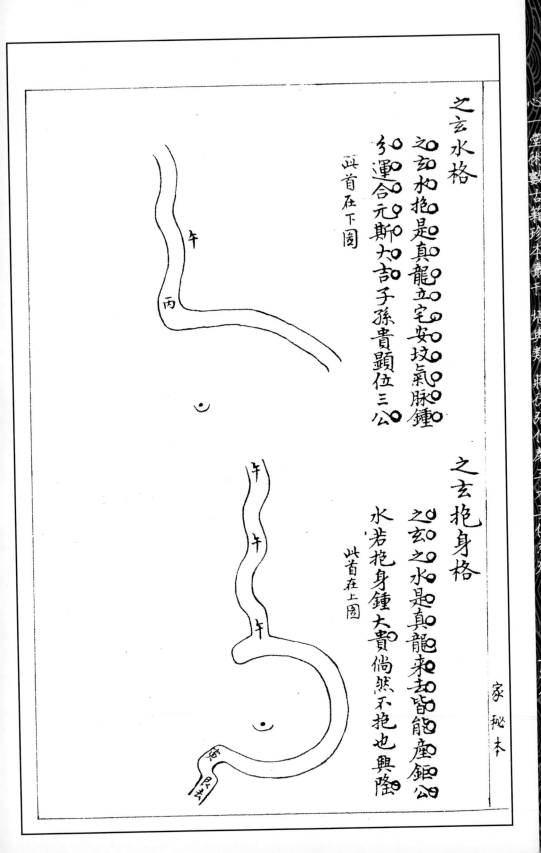

曲水城格 即飛雷城式

龍神灣〻屈曲來。日日進錢財。
若是曲多深且濶。門外車馬咽。
金明水秀盛文章。翰苑姓名揚。

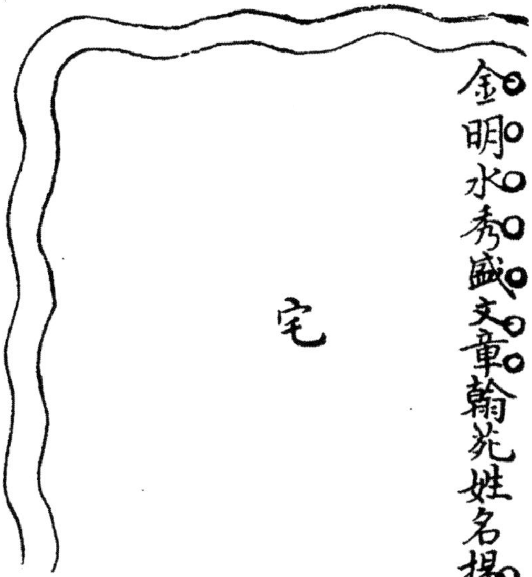

曲水轉抱格

金水之城如依藤。文秀家誇能。
更若回環成大局。乘運便飛騰。

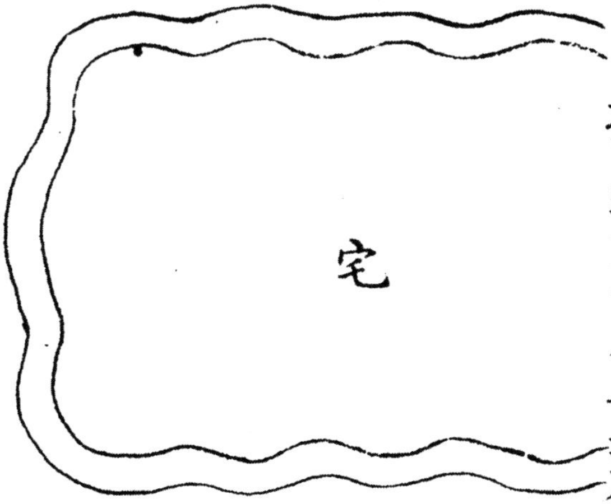

藜照堂傳

大摺水格

水形一折一龍居○二折二龍棲○
更加三折龍神旺○身在青雲上○

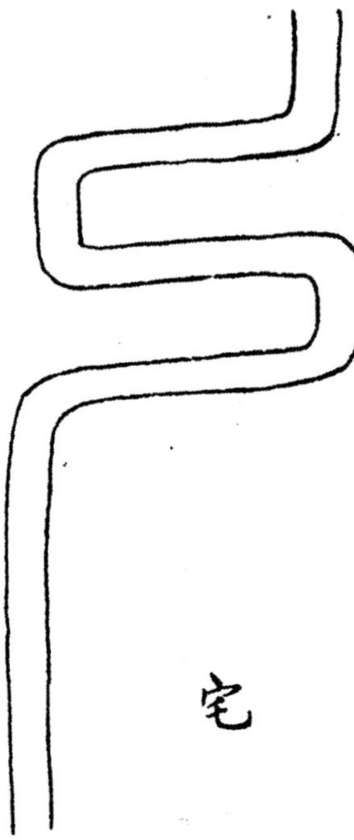

小折水格

鳥翔鳳舞曲来朝○九曲當心氣勢豪○
縱少案砂攔水口○定然榮顯姓名高○

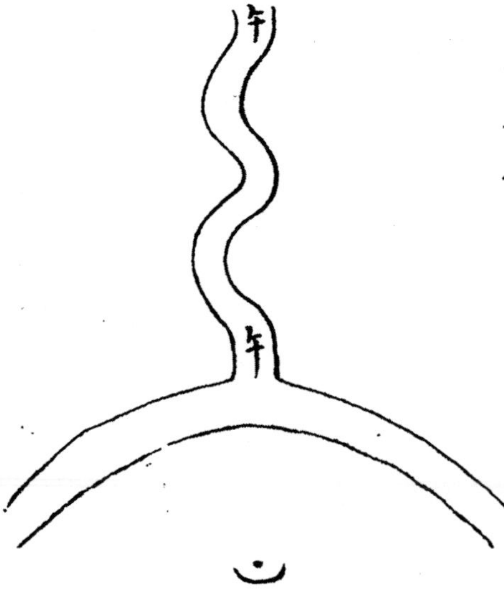

家秘本

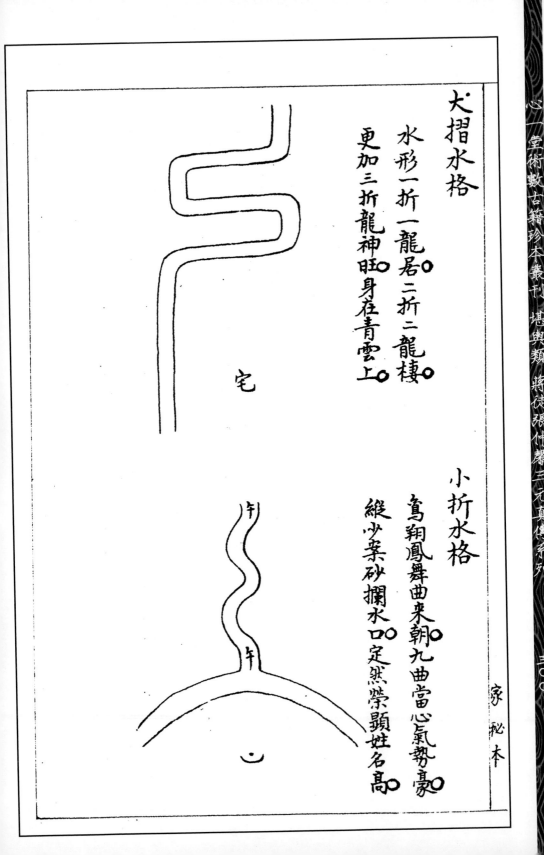

曲水反去式

曲来轉去抱他家。背上安坟穴。便差。縱然秀麗堪一發。一逢退運禍交加。

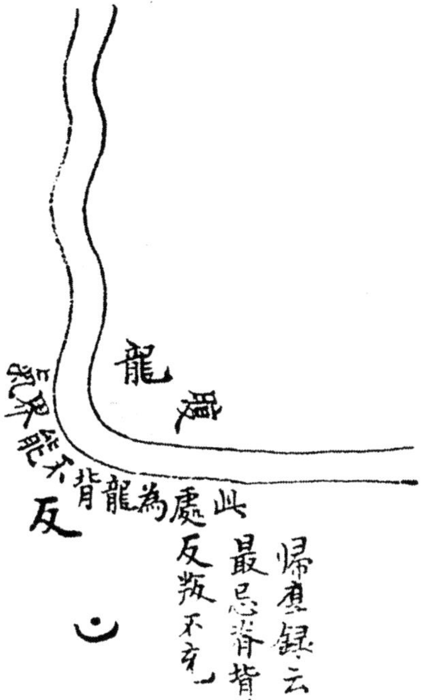

曲直水格

曲從直來此地當裁。避直就曲。金玉成堆。避曲就直。一敗成灰。

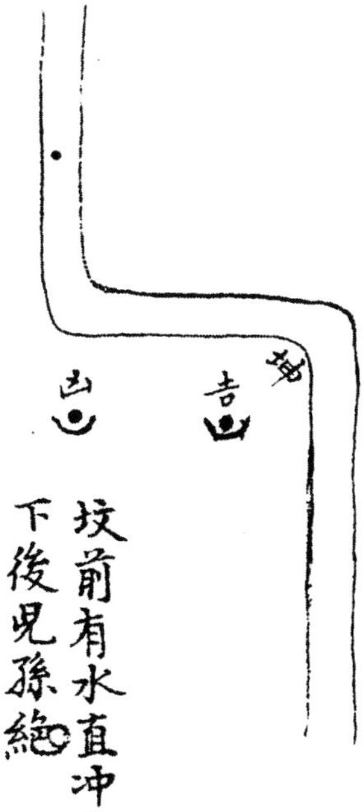

龍腹格

家住曲中號龍腹。其家富貴食天祿。

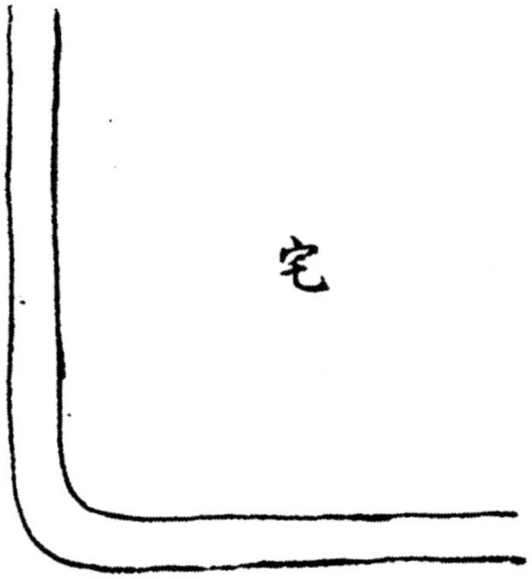

宅

家住曲外名龍背。貧窮絕嗣多乖戾。

迴龍格

水神來處復回頭。名曰迴龍氣脈收。腹裡包藏無滲漏。其中發福永無休。

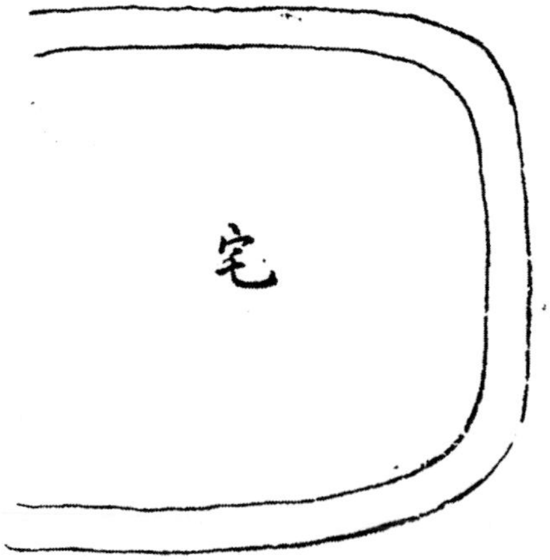

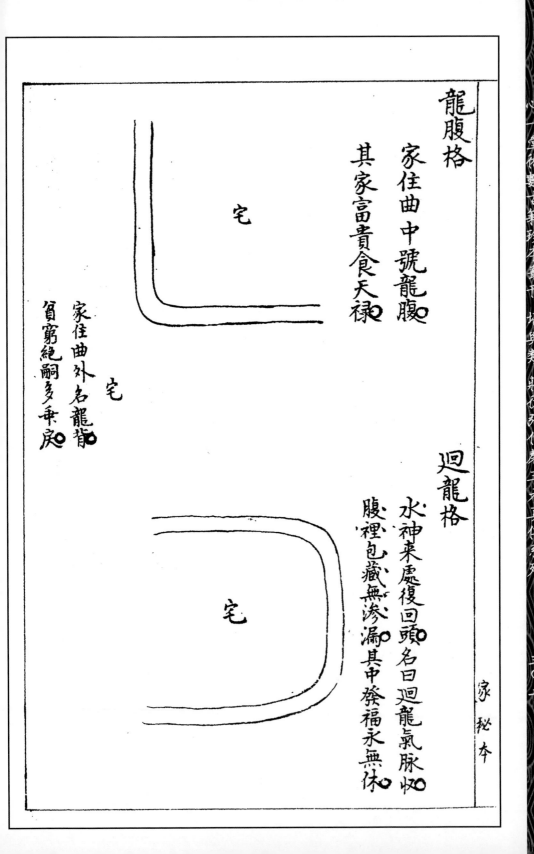

迴龍水格

坤水穹來抱宅坳。下元居此顯家門。

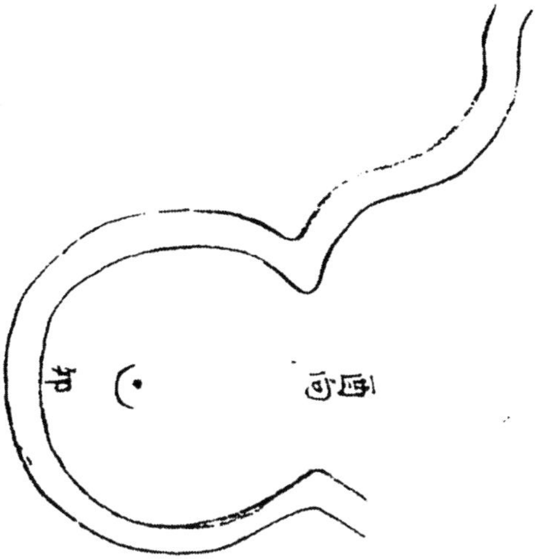

纏身水格

右邊河水灣曲抱。此地多財寶。
若然局大屈曲來。平步上金階。

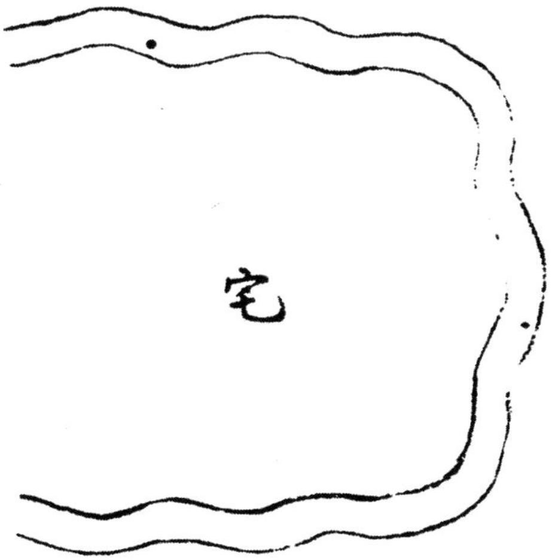

家秘本

蟠龍水格

螺旋之水是蟠龍。穴坐天心元氣鍾。
世上榮華何不有。名同伊呂亮天公。

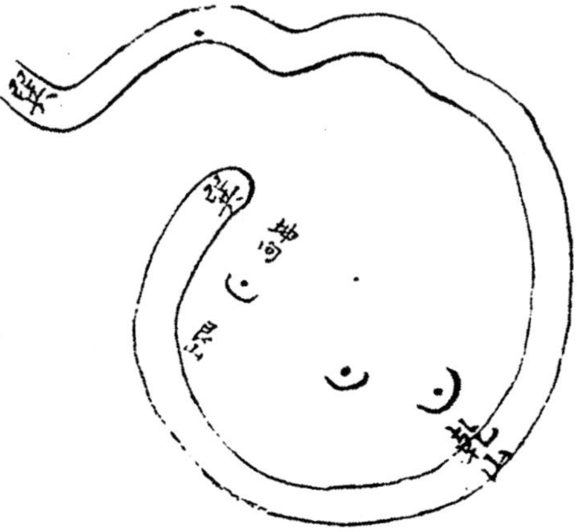

此局尚有龍頭一穴挾水作艮山坤向內水止於巽外水來於巽上中兩元大發
更有巽向一穴向前兩重巽水中元大旺

雙龍交首格

一龍之水兩頭交。化作雙龍穴在腰。
將相王侯從此出。管教列土更分茅。

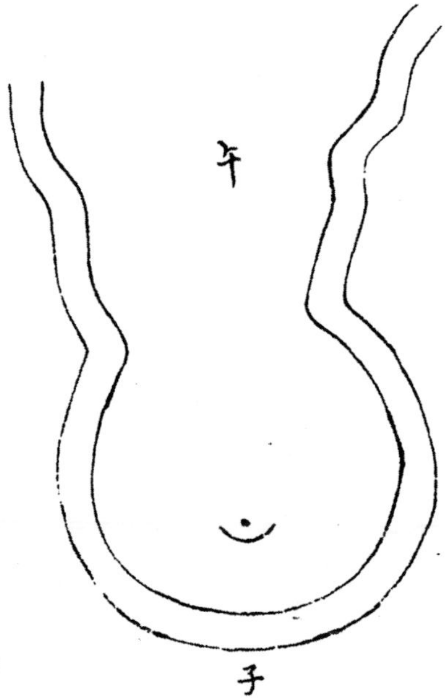

汪云此必枝水割界。故云化作雙龍穴。塲必狹。故云在腰也。惜繪圖者未見及此。

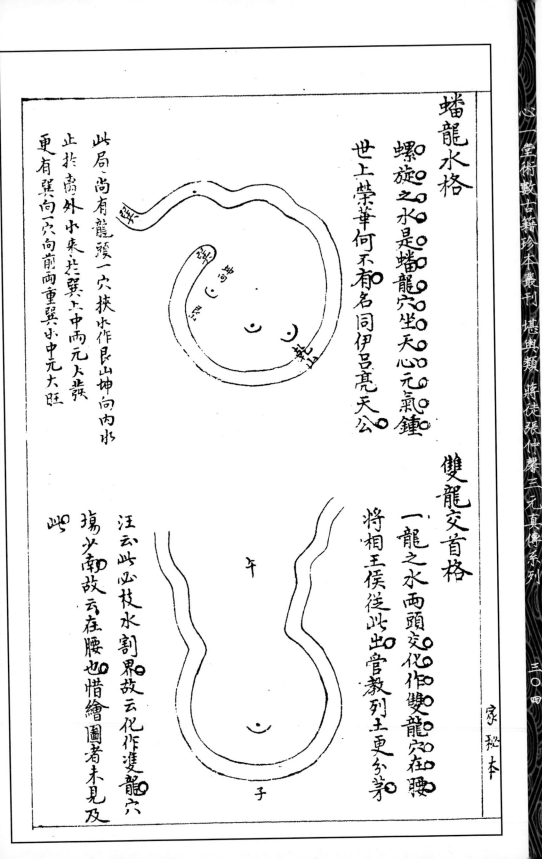

仄滕水格

面前一轉一重庫。財寶多無數。大江便出大官僚。小溪必主家豪富。

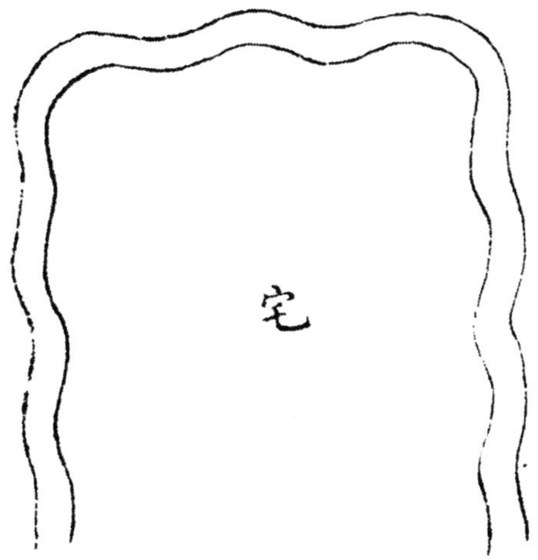

左飛龍城格

曲来之水是飛龍。穴點居中富貴豊。更看星辰歸吉位。為官必定到三公。

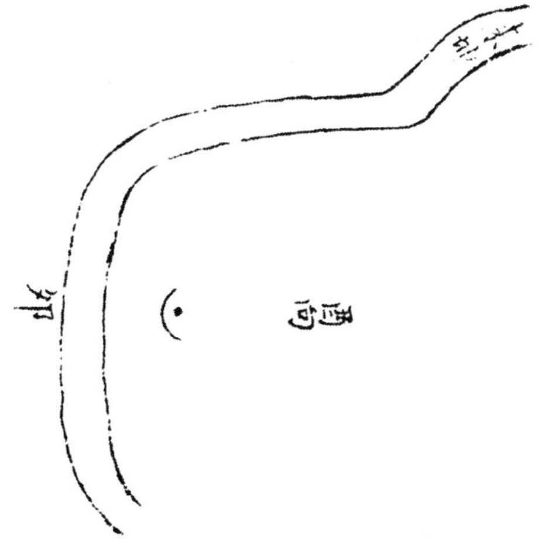

飛電城格

飛電之城最先發。惟怕崩冲并水割。
若然到此向門前。富貴之家還激括。

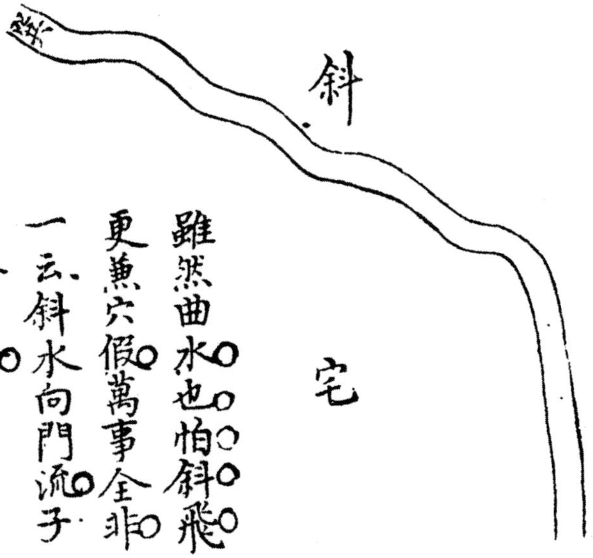

雖然曲水。也。怕。斜。飛。
更兼穴假。萬事全非。
一云、斜水向門流。子孫會作偷。

雙飛龍朝天格

水似雙龍兩道交。弟兄同榜并同朝。
此水曲折如錦浪。作艮向。下元大發。

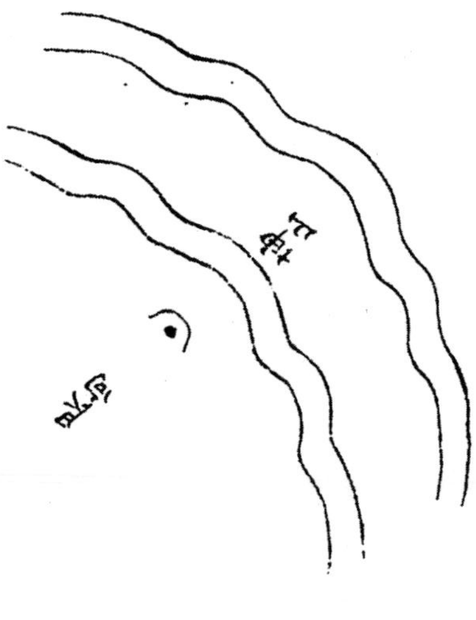

家秘本

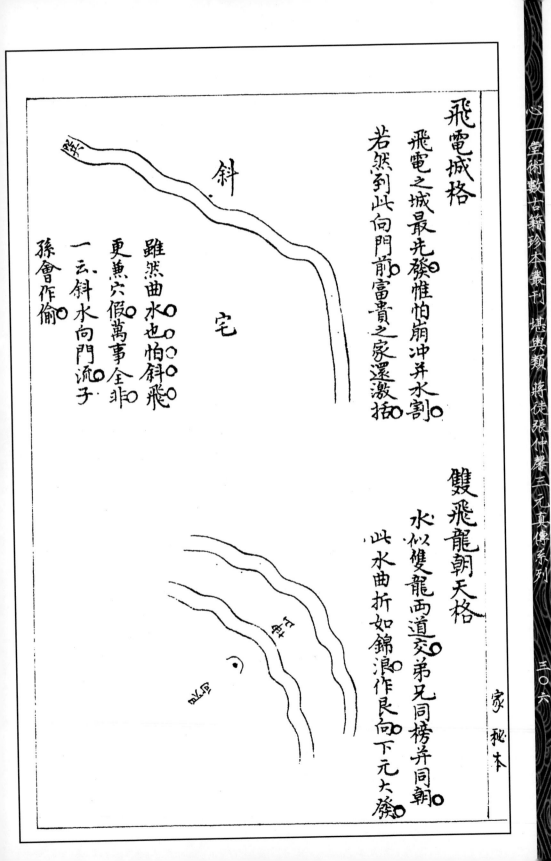

雌雄格

雌雄交首似雙飛。此水同來格最奇。
穴若得宜真氣合。世代兒孫着紫衣。

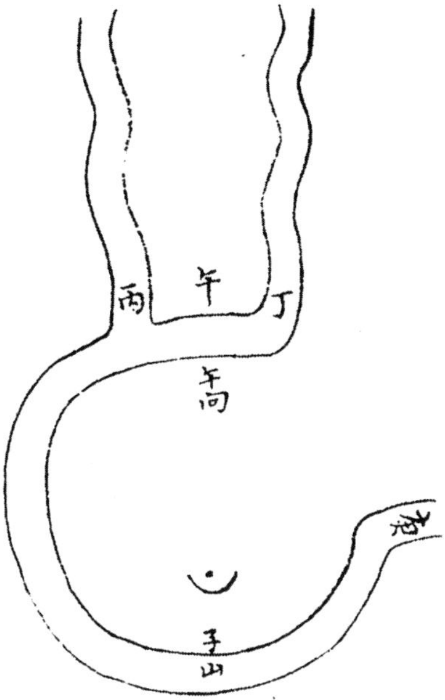

子母龍格

母龍蜿蜒作金湯。有子成胎腹內藏。
若點胎元多孕育。祖孫父子坐同朝。

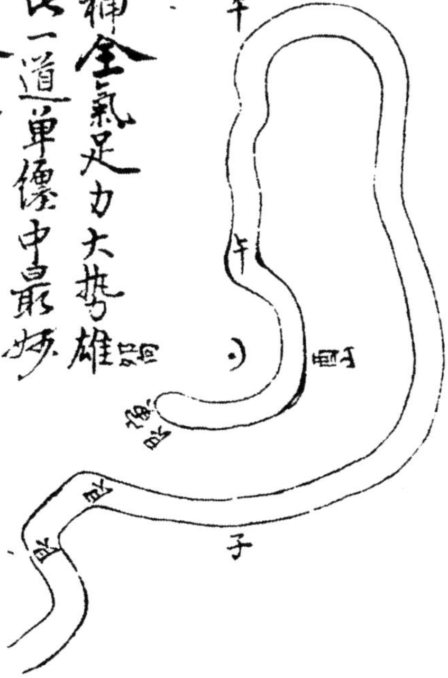

神全氣足力大勢雄。此一道單纏中最妙之格也。

蔡熙堂傳

子母龍格

母龍抱子二水相交。
祖孫繼業父子同朝。

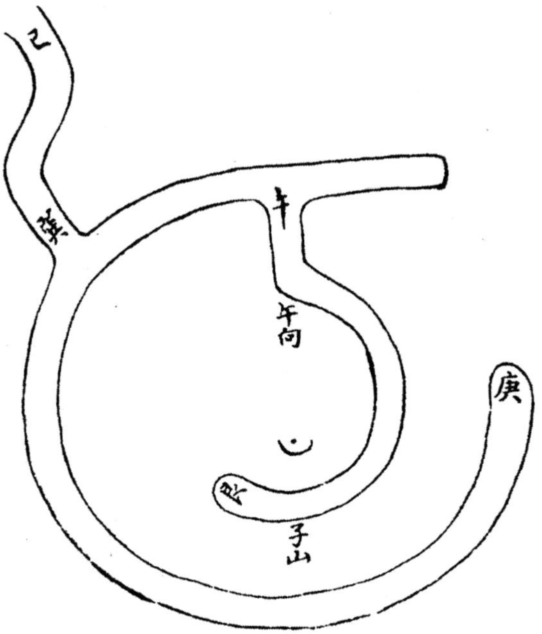

舞鳳格

群流飛舞入垣城。鳳翥鸞翔羽翮輕。
更得穴中真氣結。不為仙客也公卿。

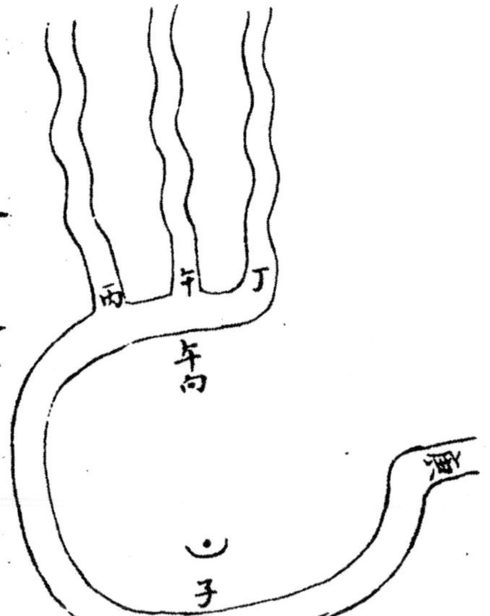

此圖有金水泛濫之病雖秀不足尚也

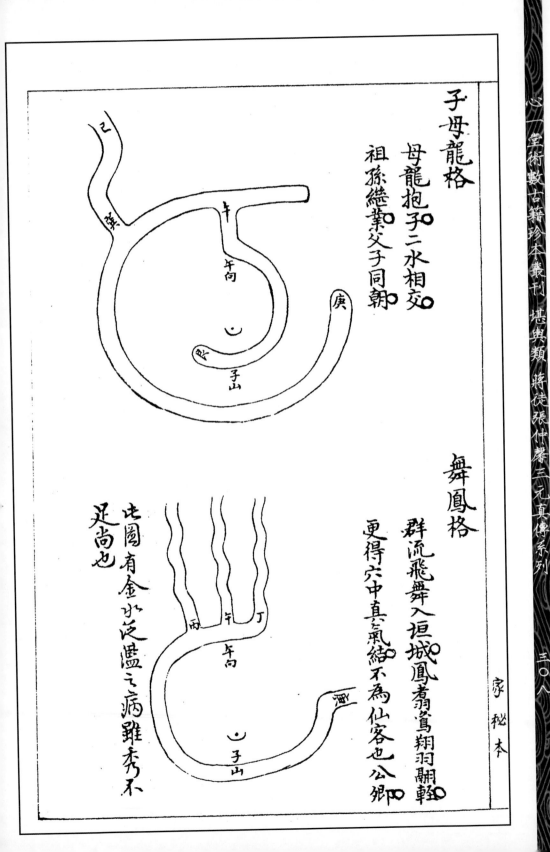

蟠龍舞鳳格

翱翔朱雀勢瀠洄。儼若蟠龍屈曲來。
下後兒孫登甲第。官居清顯列三台。

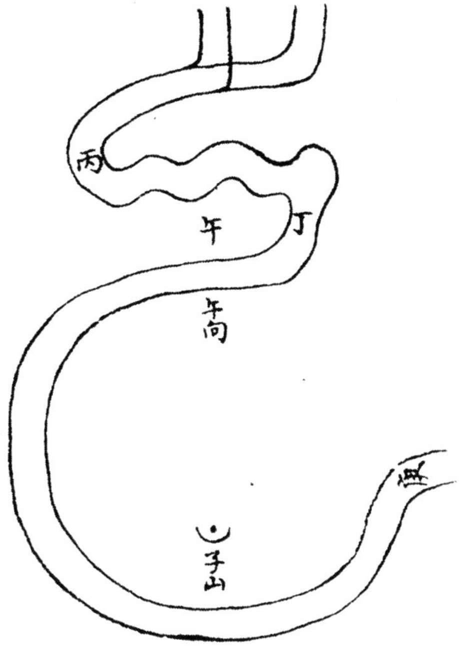

玉街水格

玉街之城衆至貴。宰相三公極高位。
若肰龍後帶奇星。定主聖朝天子氣。

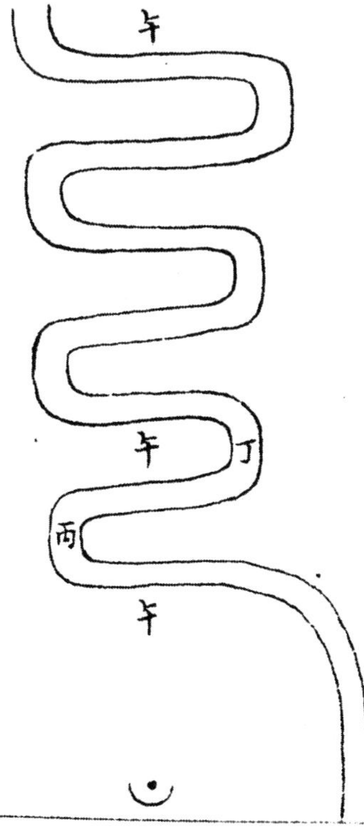

藜照堂傳

二水二重龍如帶復如弓。
為官家富足清要顯門風。

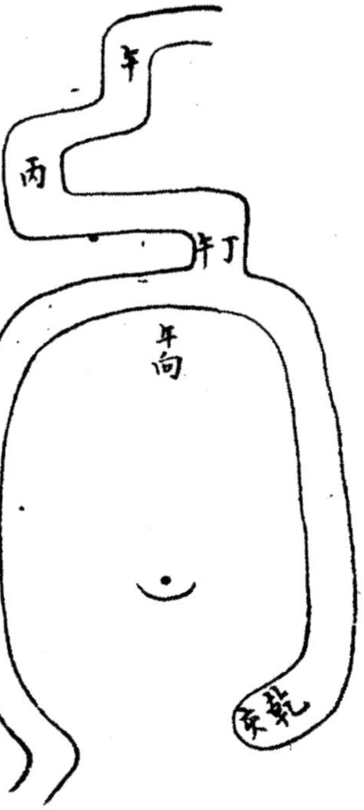

覆鐘格

来水湾〻若覆鐘。堆金積玉富彌豐。
子孫貴顯登金榜。四遠馳名達九重。

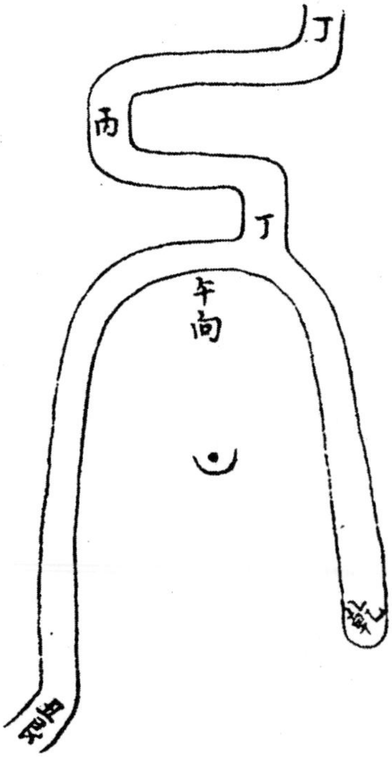

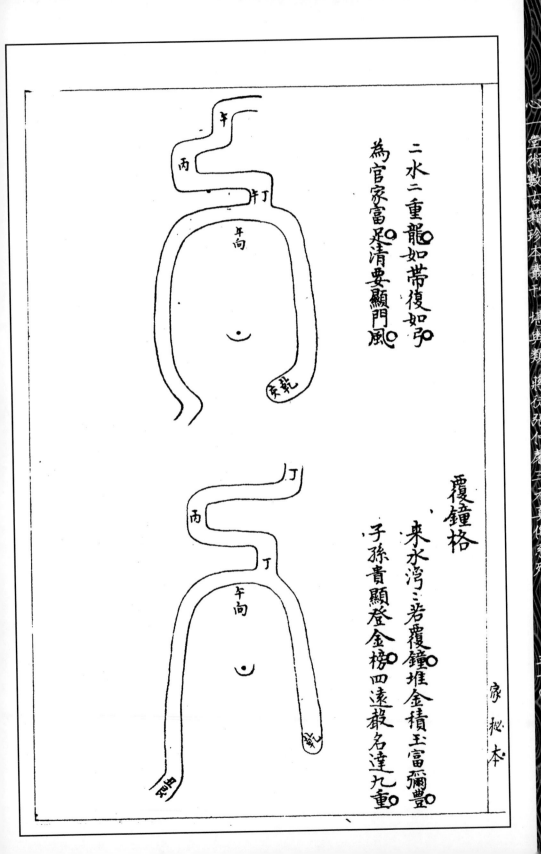

幞頭水格

有水前来似幞頭。官来不用求。

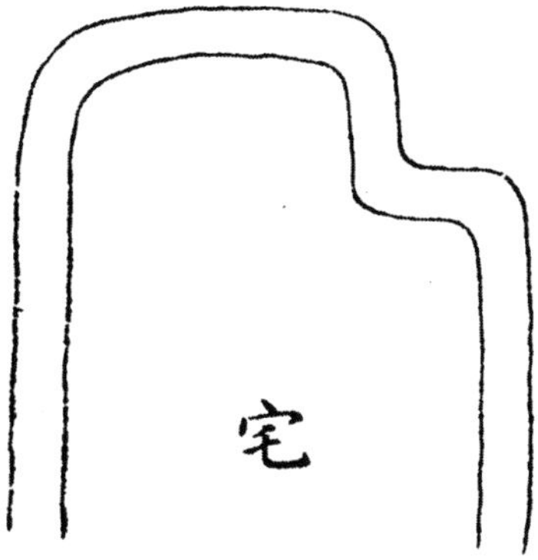

蔣公云此不過以水城繞抱而發不重幞頭

玉几水格

青龍有水似玉几官居州縣貴何疑

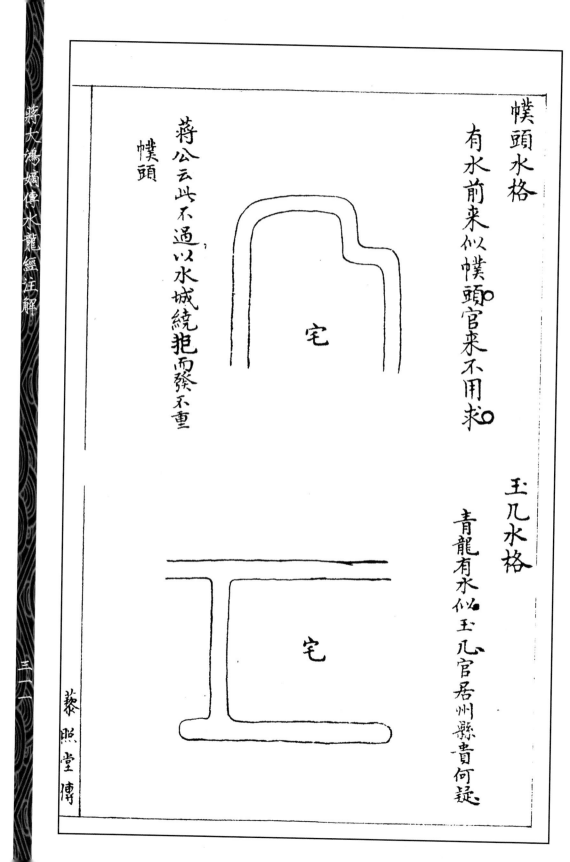

衆水聚龍格

衆水如龍四面來。定知此地出三台。
縱然氣散難豪富。也出文章絕世才。

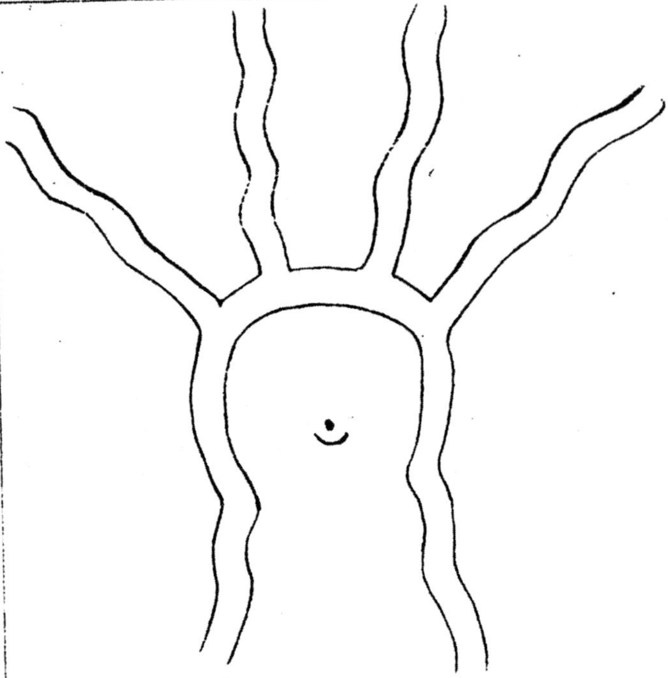

砂水合秀格

印浮水面笏橫前。文筆森森斂氣寒。
穴下水城如繞抱。兒孫定許出高官。

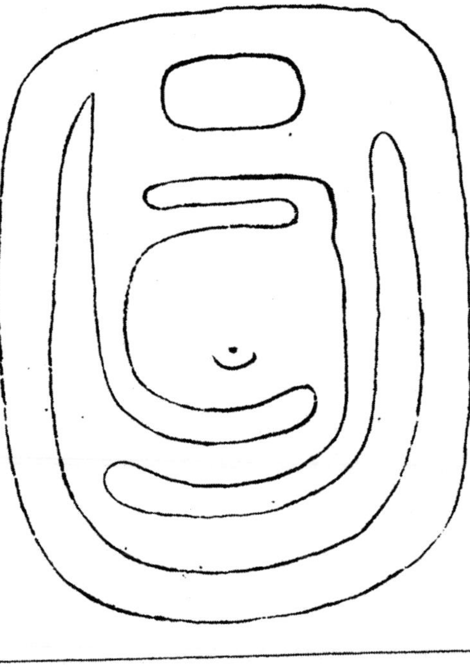

家秘本

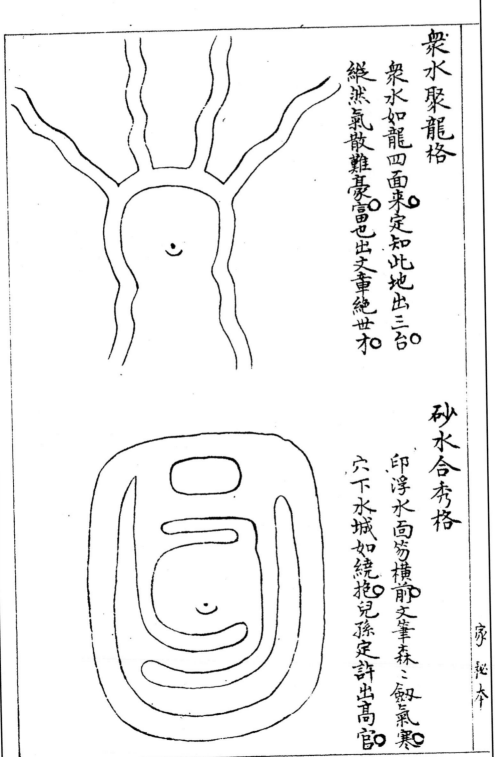

山水連秀格

秀峯羅列在雲端。若是無龍空有山。
必得真胎來蔭養。群巒齊應出高官。

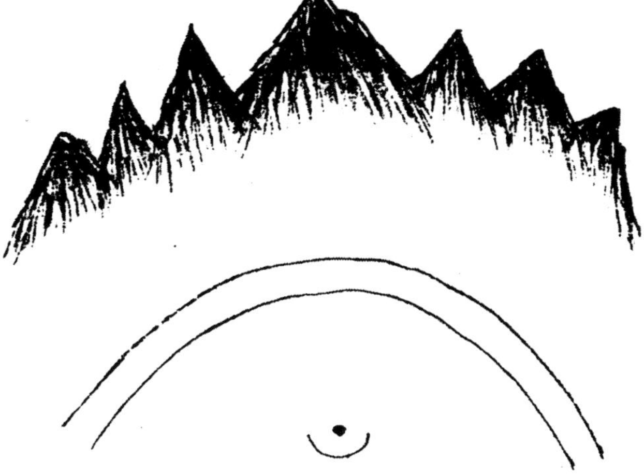

斜水侵山格

山龍之脉亦嫌水斜。縱能發福必
主傾邪。

蔡照堂傳

斜水衝山格

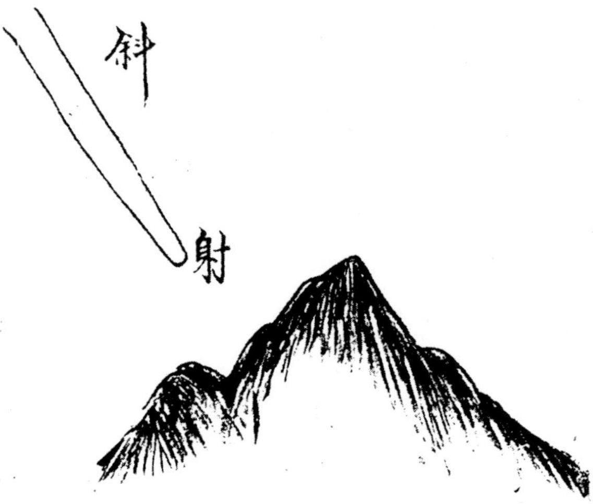

池湖格

前後有湖池。墓宅咸可居。坟前嫌逼窄。穴後要臨湄。下法看平正。傾斜脉便離。更看方圓。扁折之。無失宜。

離位池塘。原是三元之局。但立穴之法。三方皆可偪水。惟明堂宜寬。乃為合法。若太進前。難為子嗣。雖富貴亦主代代換妻。以無餘氣故也。

藜照堂傳

池湖格

明堂積水深。圓鑑足誇論。

出人多秀丽。男女喜雙清。

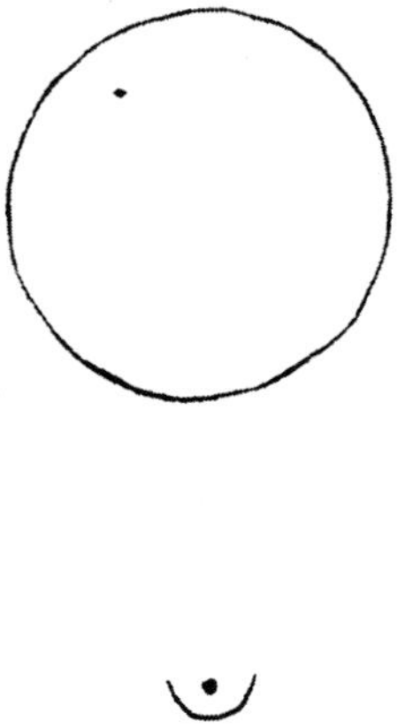

方印積水深。此地出官人。

家秘本

湖池凶格

污池若坐偏。氣脉不周全。子孫多不孝。刑獄更相牽。

凡墓宅在池之偏旁者主兵死客死

又云、坑坎龍不十分吉、

橋梁路

當門橋來直沖着此為大凶惡

主瘟病孤寡人口死亡

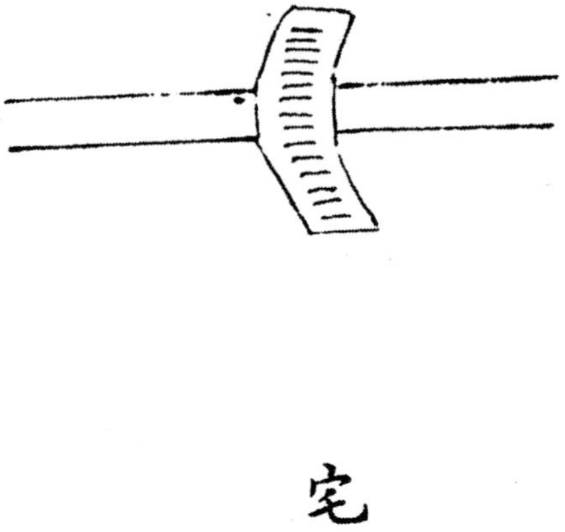

青龍之上有橋梁鎖水任君安

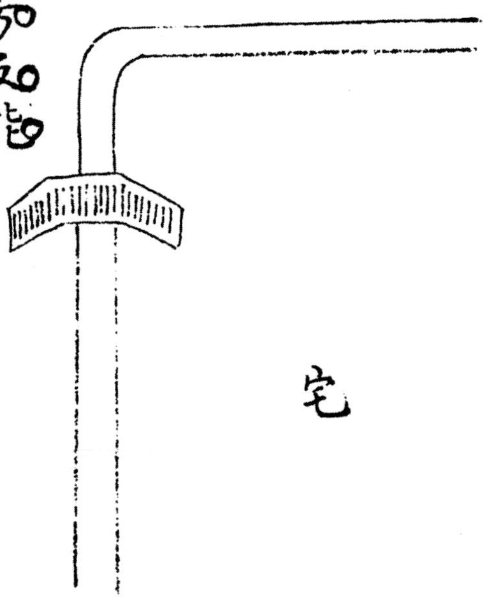

蔣公云此在衰敗之方故也若在旺方反能招福不嫌朱雀亦不可拘泥龍虎

右有橋沖淫敗絶宗

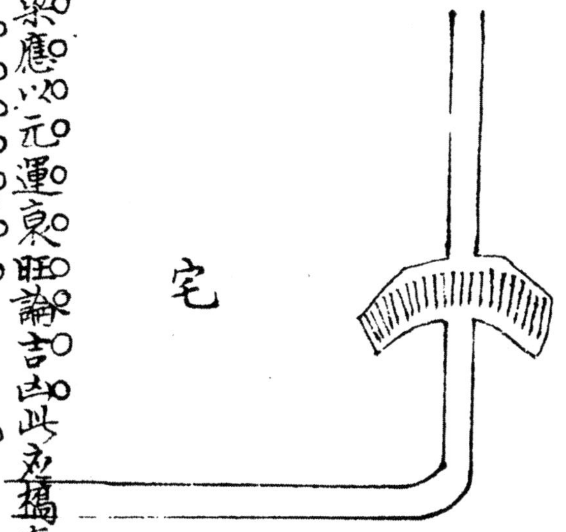

橋梁應以元運衰旺論吉凶此云橋在衰敗之方陽宅以浮氣為重故全不吉也若在旺方反吉如徒泥於龍局以論吉凶則又拘墟之見而非得其傳正義者矣

凡近塚有井主有心腹患及病目人井不分前後左右若太近塚側難為子孫

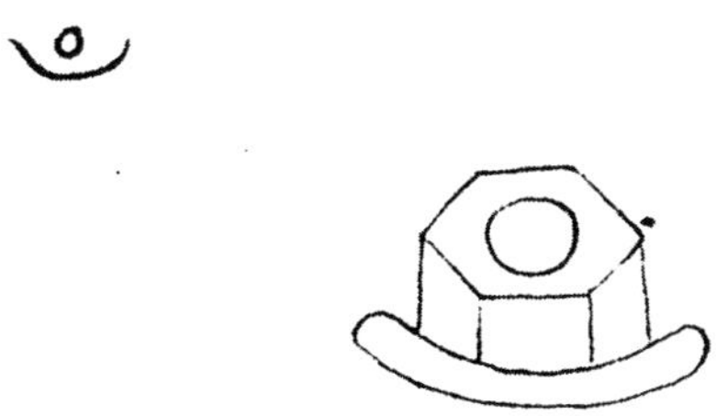

直流水格

直木水無灣。兩旁不可安。
全然無氣脈。到此不須看。

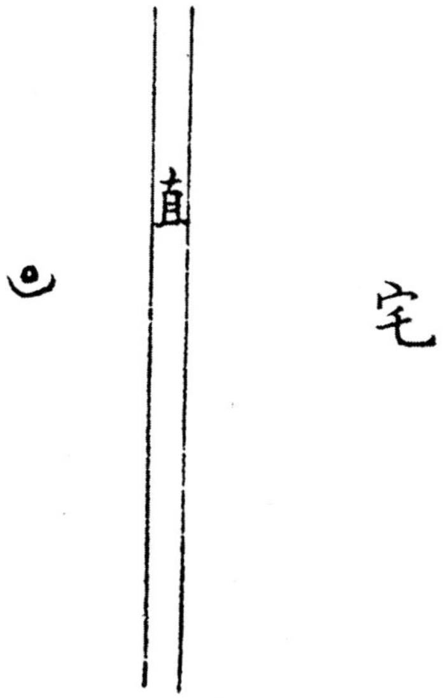

直中取灣格

直水地居灣。其家自然安。

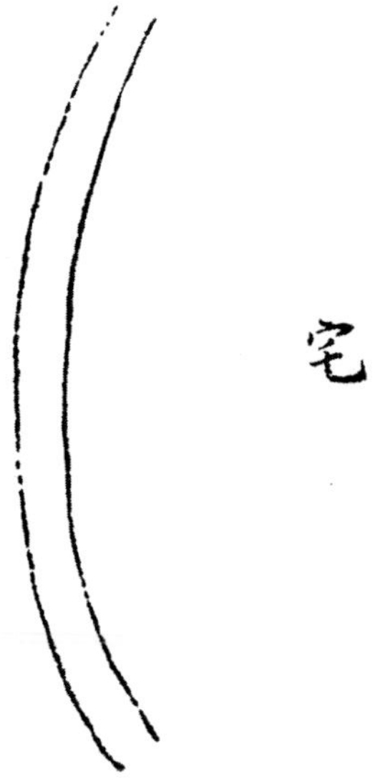

橫水凶格

屋後橫水直流通。
暫時不敗也貧窮。

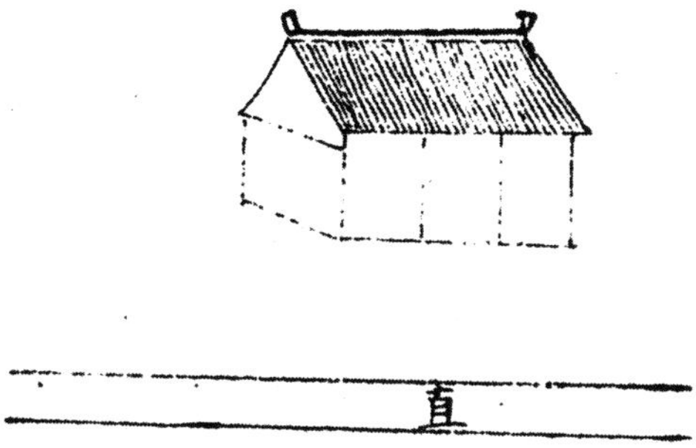

橫水微抱格

橫身直過本為凶。畧見灣環氣脈鍾。
縱少星辰古富貴。喜無傾敗損家風。

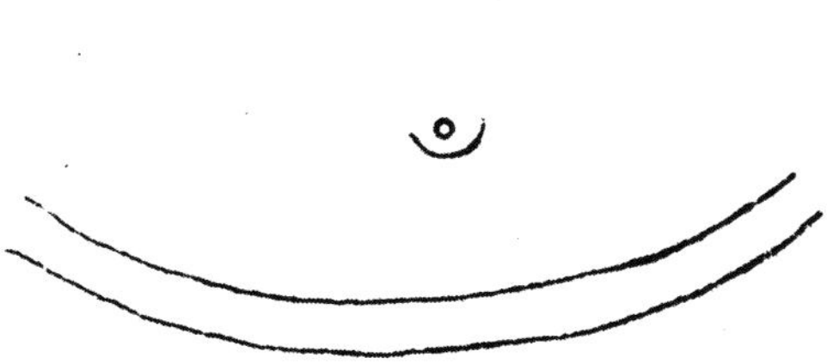

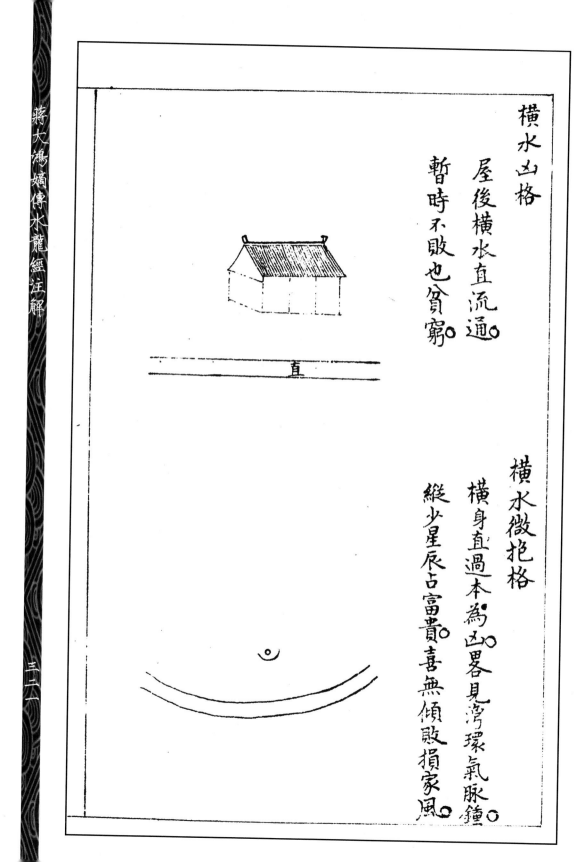

内員外直。取内作吉。

凡橫過水。不牽不掣。不斜不側。不反不亂。乃作吉論。

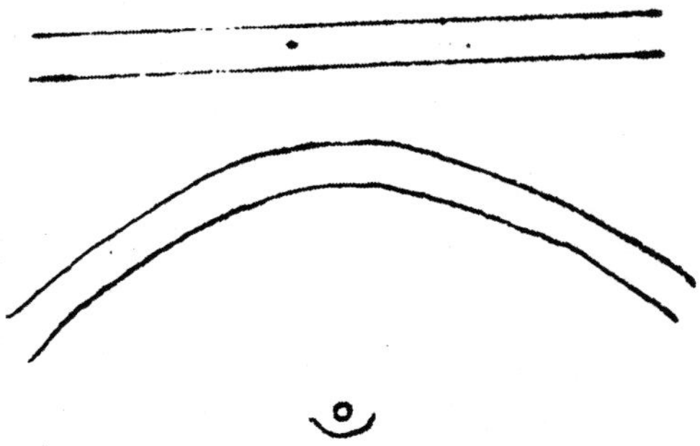

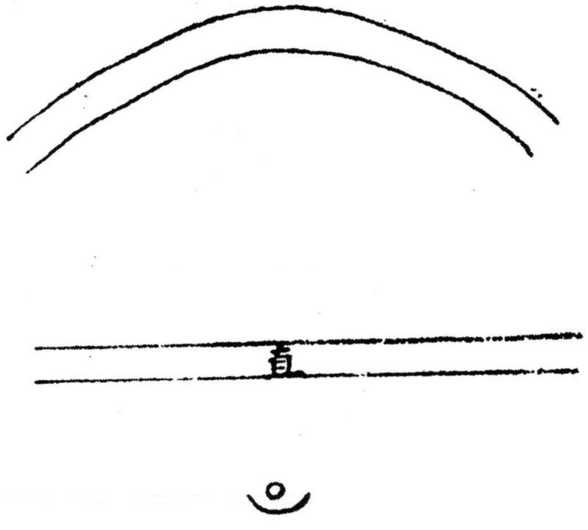

反跳水

白虎源頭一反句。財物鬼來偷。

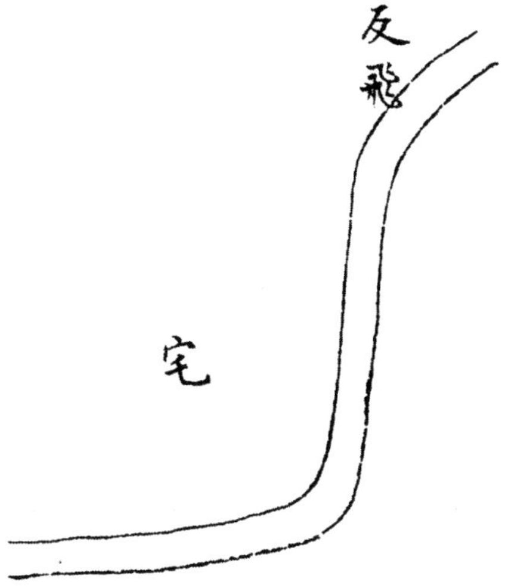

凡塚宅居水曲反背者。主子孫多死亡。

反水格

龍神反去不朝身。扦着退家門。
左邊若見長房究。右邊少者亰。

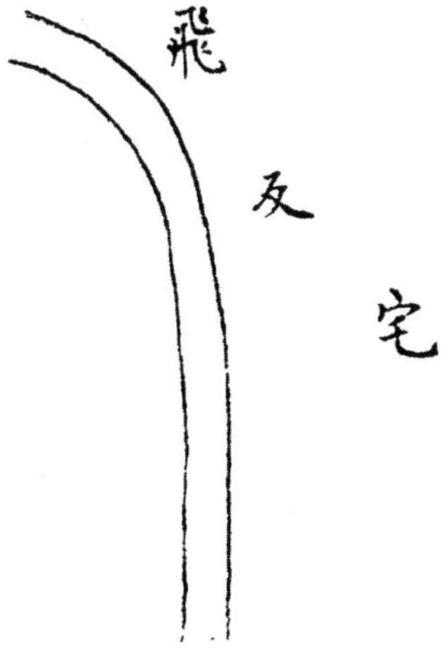

反飛格

青龍頭去反如飛。家破及人離。

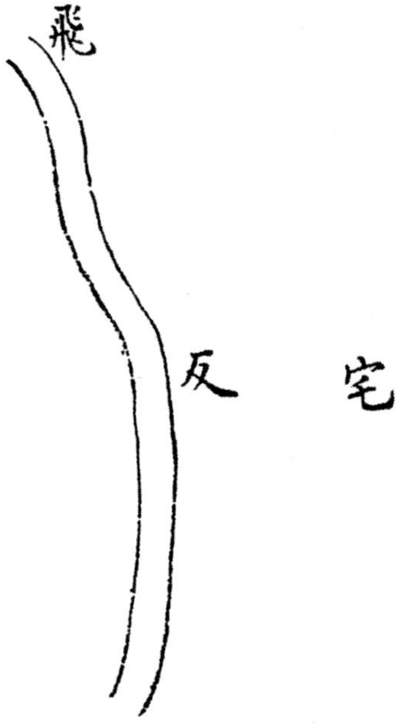

拖脚反水格

坐後轉身作土星。其名拖脚更須論。去無曲勢何能發。穴若偏旁逾失神。

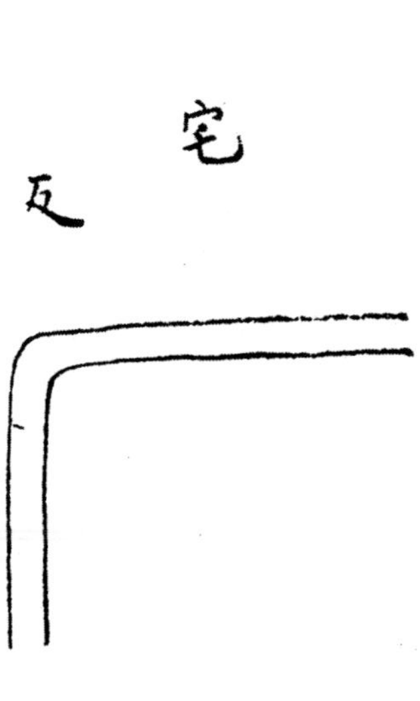

凡宅後有一渠水直来即折向西去其家或暴富貴却出刑人

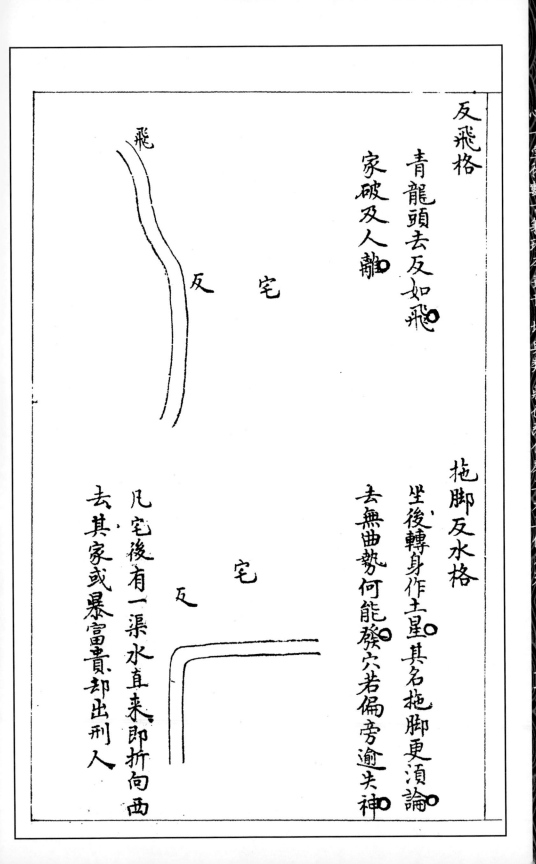

先抱後反格

先抱後反。一發便衰。

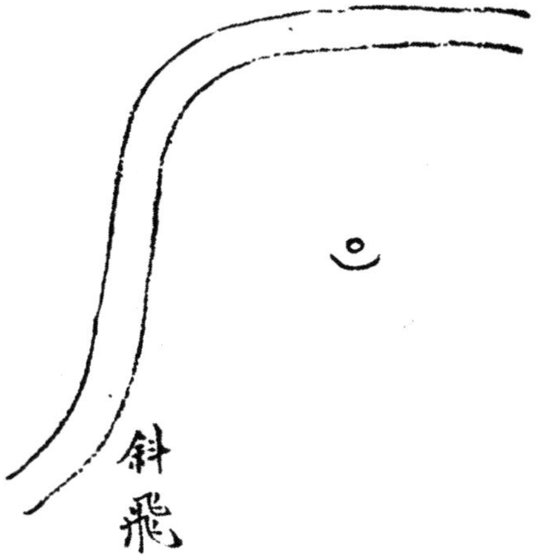

反跳格

反跳之水是搥胸。墓宅逢之萬事空。
生男定少忠和孝。生女還歸花柳中。

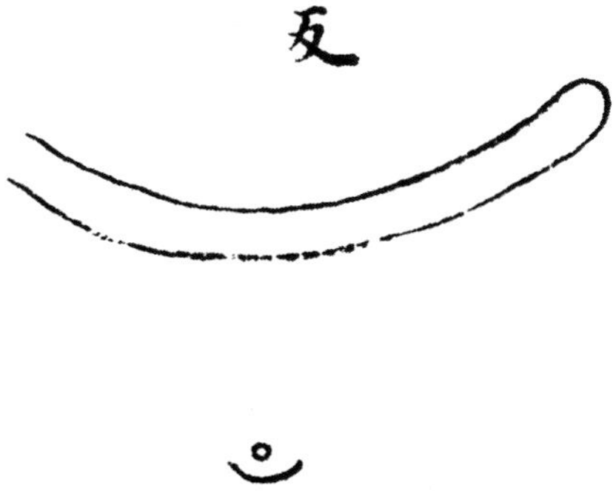

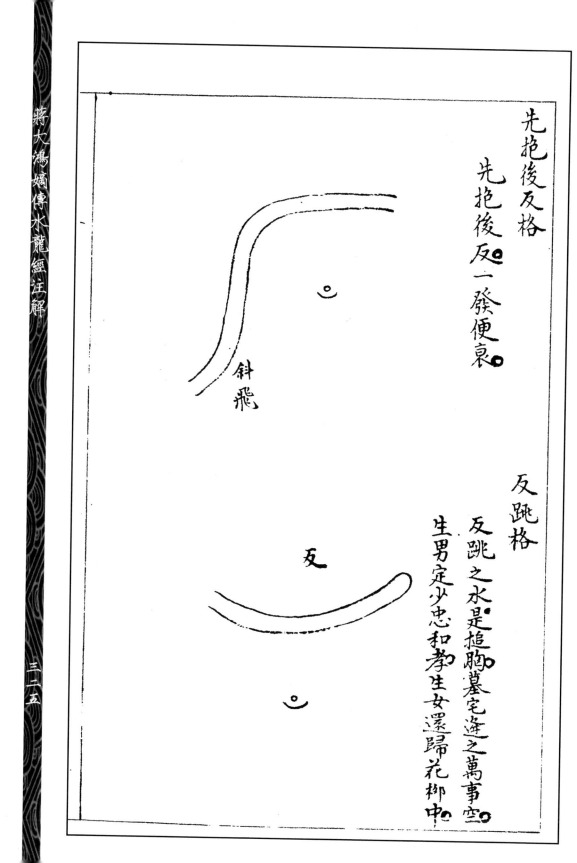

翻弓格

水若似翻弓。扦之必定凶。
出人多拗性。悖逆亂家風。

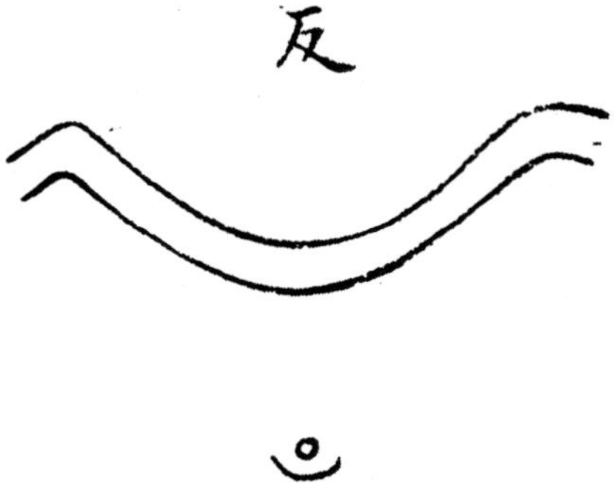

捲舌格

水如捲舌最堪悲。退敗人丁總不宜。
瘖瘂之人端的有。時常搬喋是和非。

重反格

水反更兼重。其家必定凶。

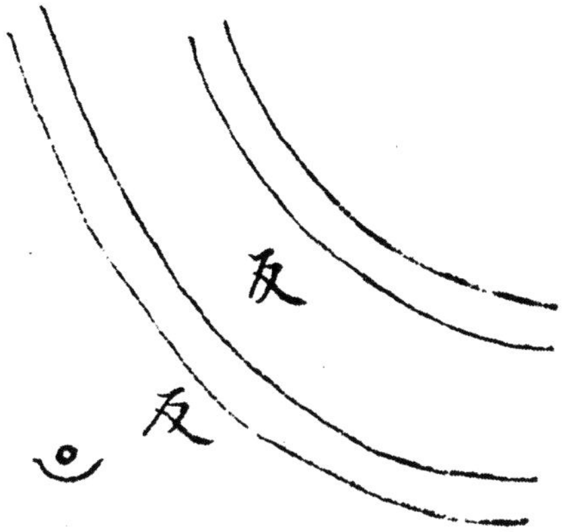

水穿龍臂格

水穿龍臂少年凶。虎眼幾流主禍殃。
更有兩邊堪忌處。城門砍割女男傷。

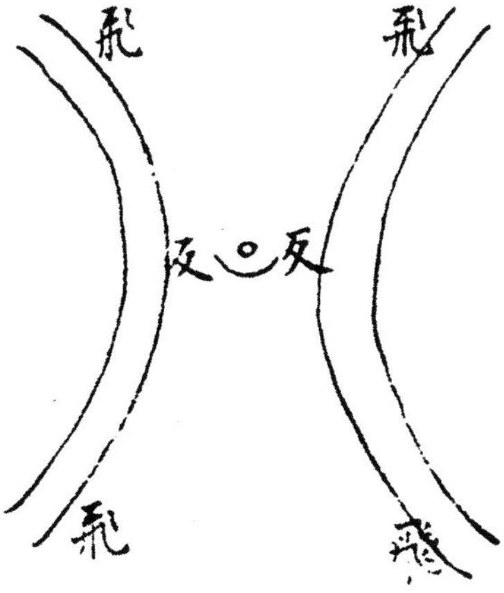

斜飛格

水城斜走去如飛。兒孫主竄移。

家業凋零難保守。人丁漸漸稀。

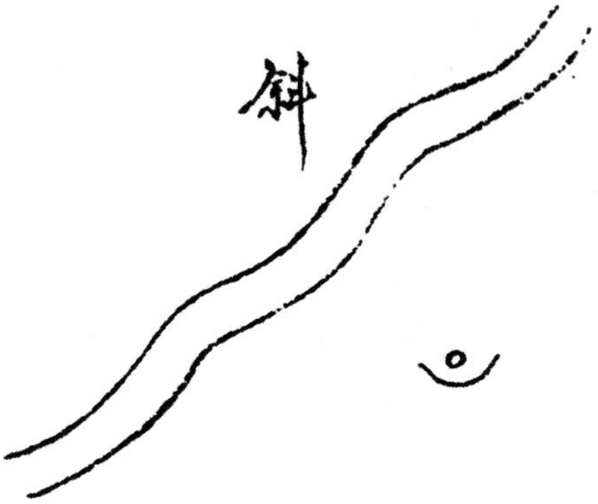

斜飛格

白虎一去反無情。離鄉徙配人。

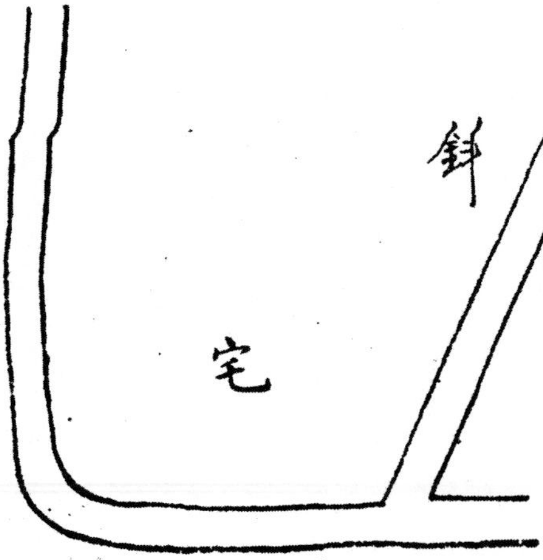

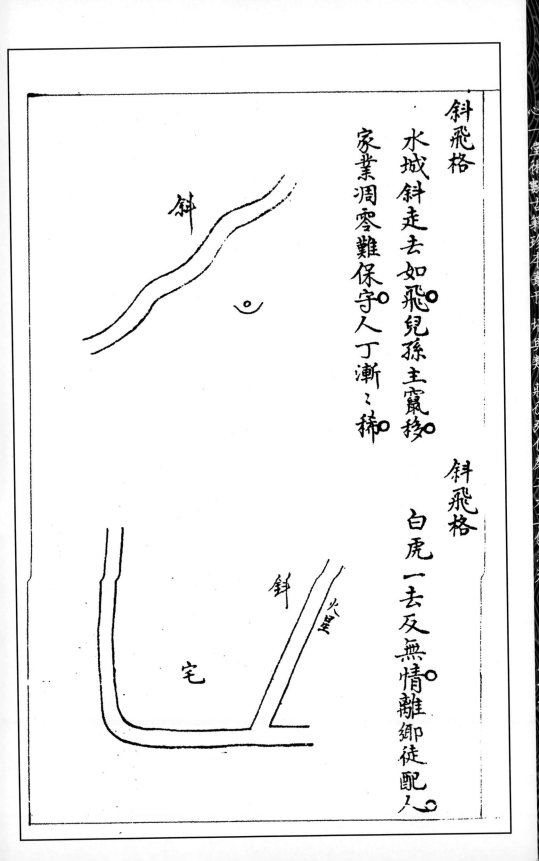

分飛格

頭斜脚反两邊来。此號扛尸家可哀。
客死瘟瘽并刑獄。更兼婦女性多歪。

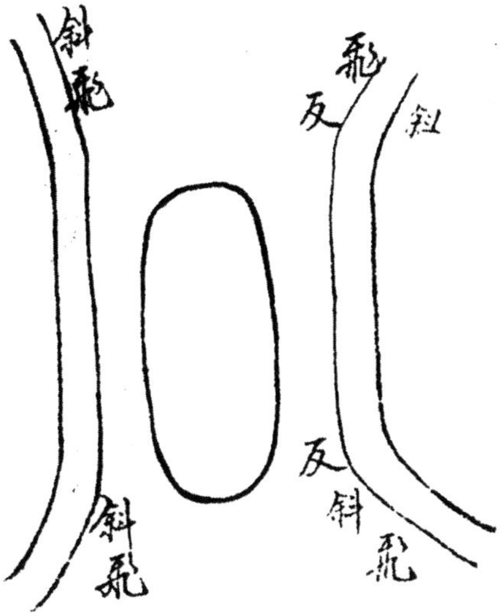

青龍白虎両分張。徒流退敗絶離鄉。

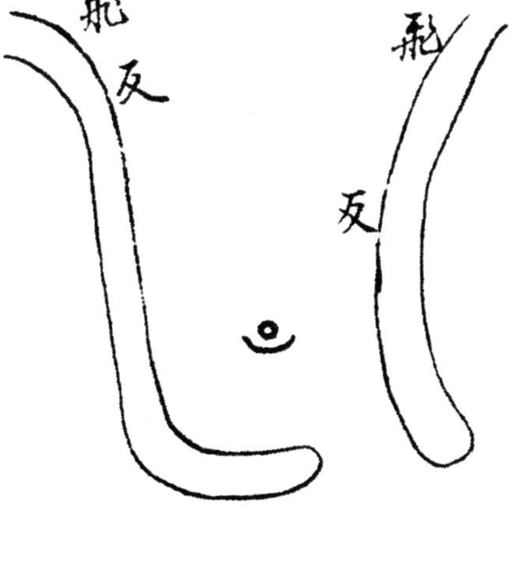

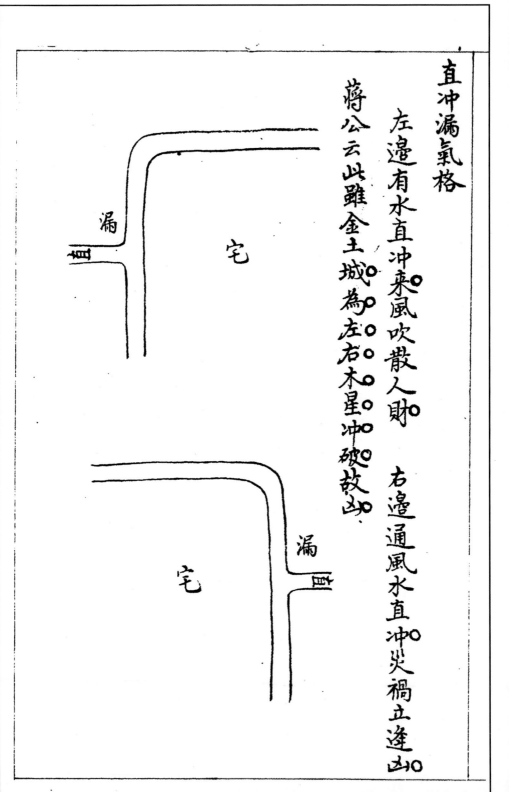

直冲漏氣格

左邊有水直冲來。風吹散人財。

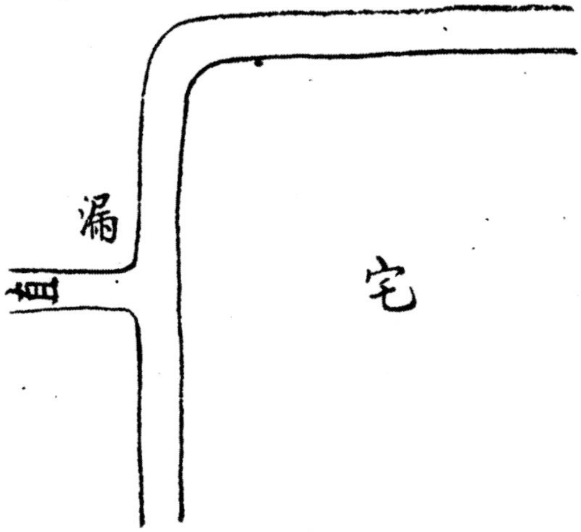

右邊通風水直冲。災禍立逢凶。

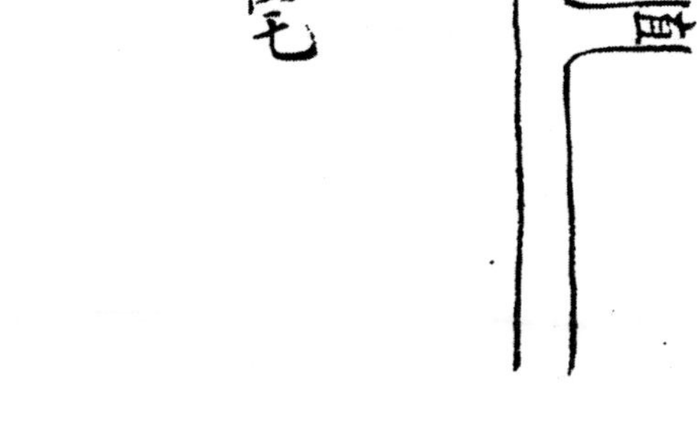

蔣公云此雖金土城。為。左。右。木。星。冲。破。故凶。

枝水漏氣格

直水有枝兜旺時不用憂
若然加一抱福祿自悠悠

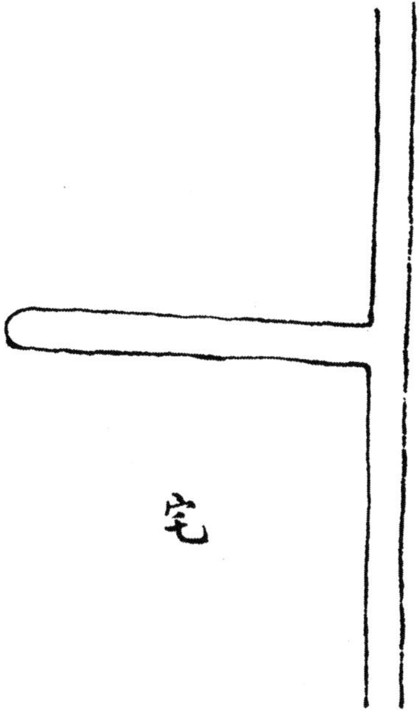

左右小水似筆頭此宅進田牛運若合時起隆運退家[illegible][illegible]愁只因水直未兜收一轉即無憂

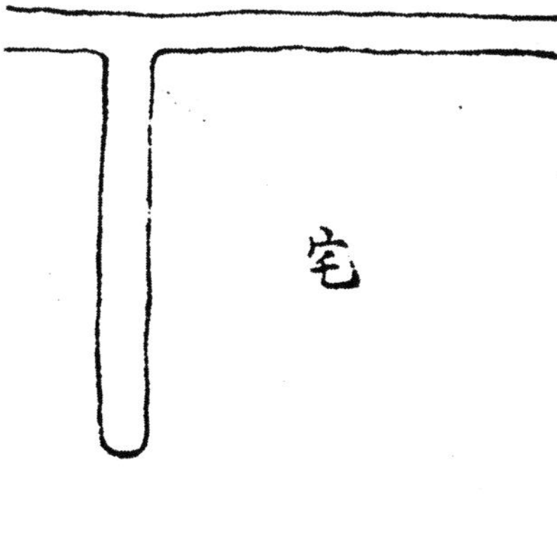

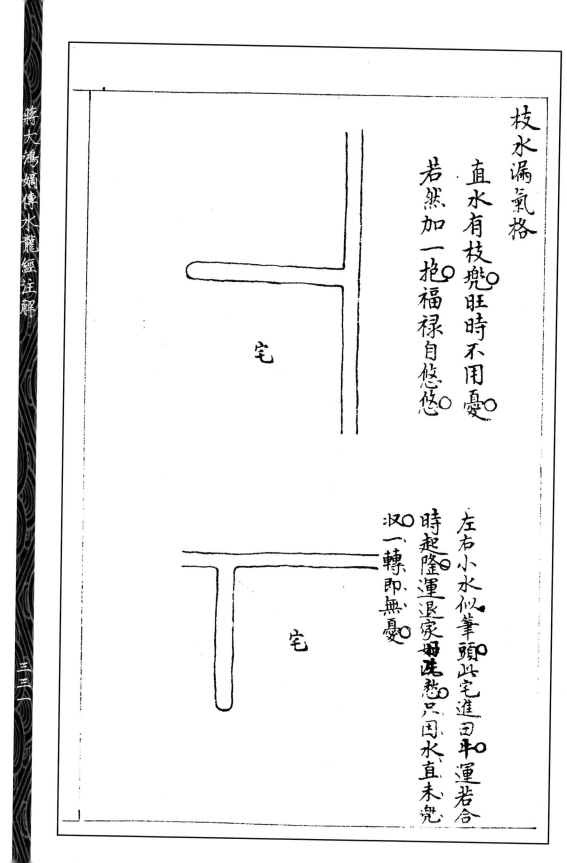

漏風水格

十字交流處〻通。縱然織錦也成空。
莫將枝水為収束。浪打風吹無定踪。

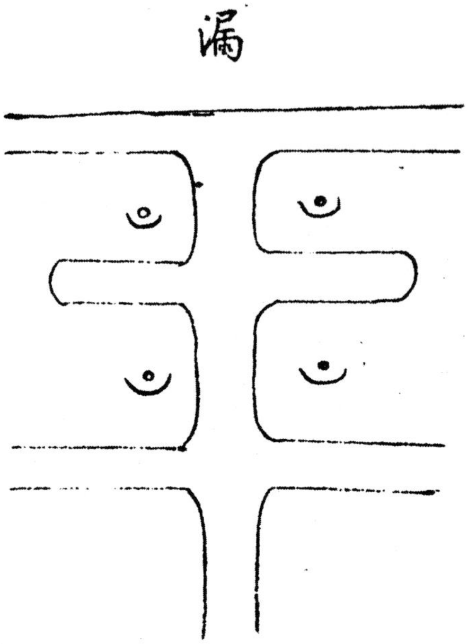

漏風格

漏風吹塚不堪觀。子嗣應知夭壽看。
後出穿窬夜行子。橋欄雖阻未能安。

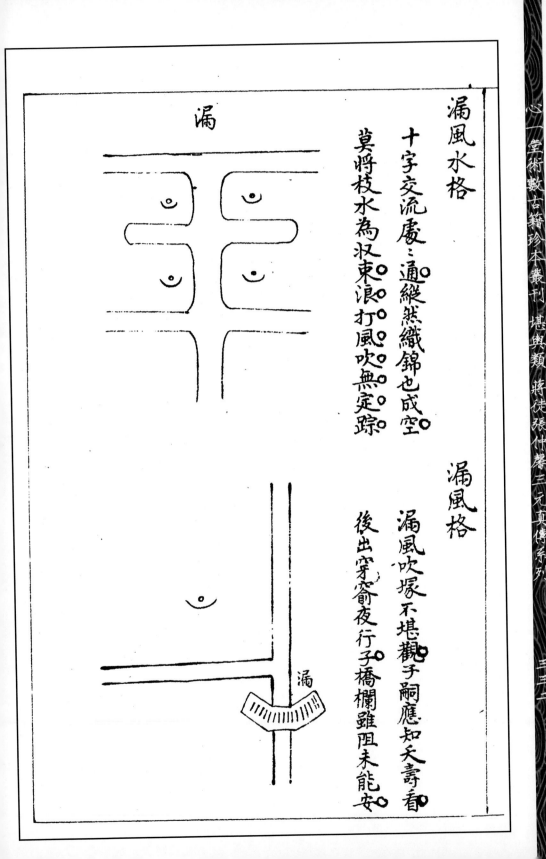

交流水格

屋邊二口水通風。
子孫終是受貧窮。

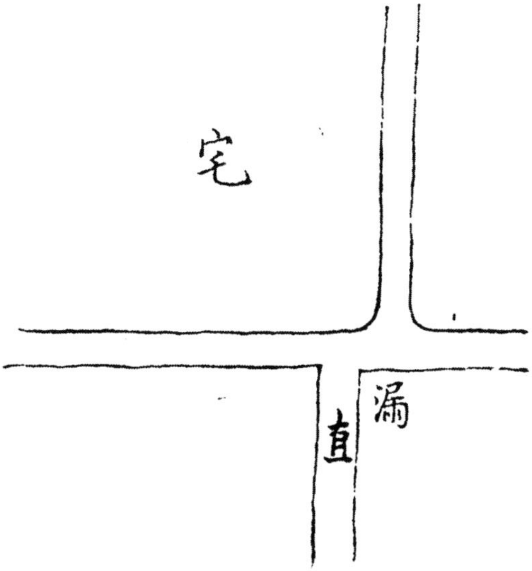

乾風吹塚、子孫絕嗣、
巽風吹塚子孫拳

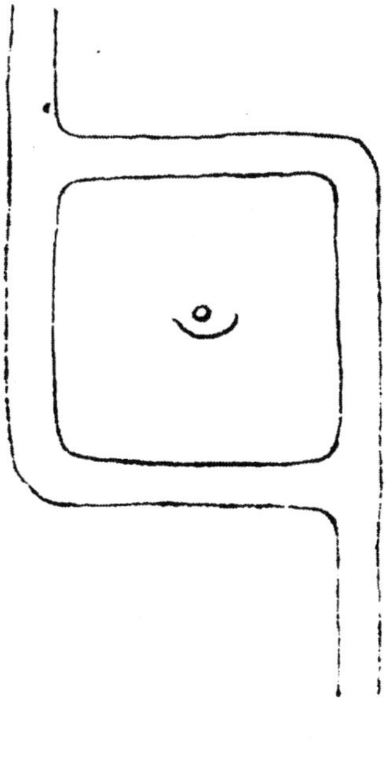

蔣公云、此出主元運衰替而言。若在旺元、也要通風走四乾是也。

漏風格

乾坤二風吹子孫主竄離

以無灣抱故不吉不在乾坤二風吹也

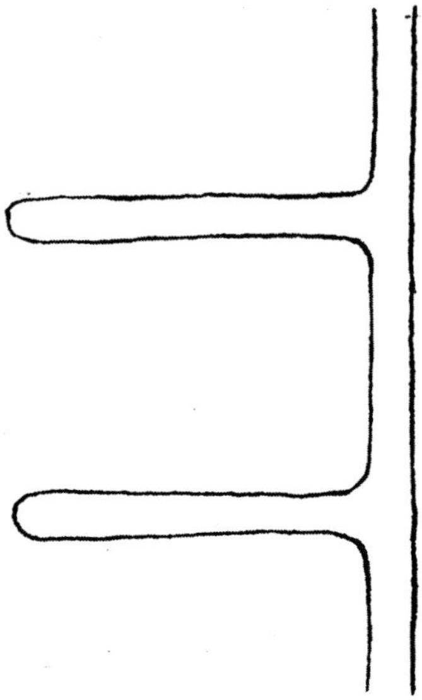

交流水格

水形似抱案係交流

全然無氣不用深求

此亦交劍之類

錯

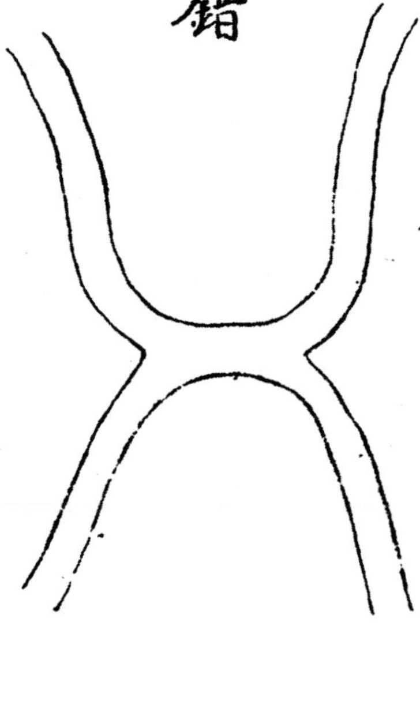

前有兩水若夾埏道交流主有殺傷亦生淫賤

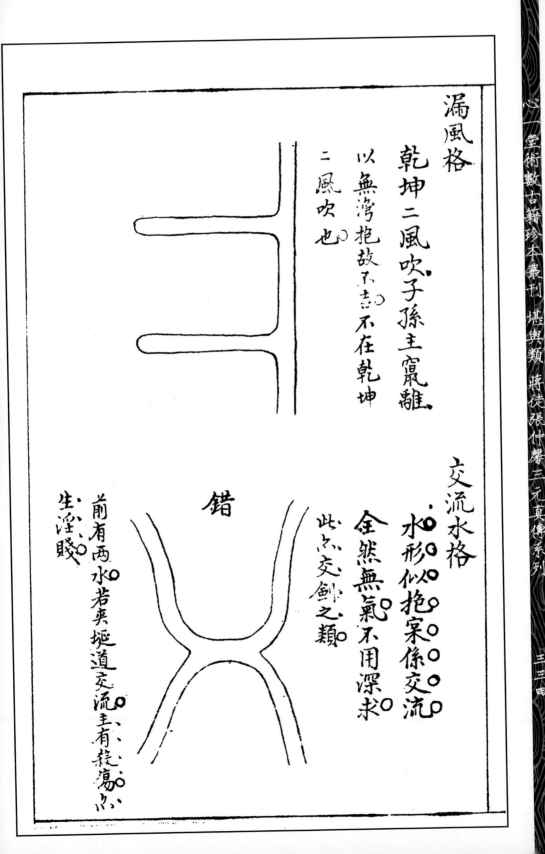

漏風水格

水来揷界勢縱横。若是無兜便漏風。

雖然眼裡如花錦。下穴之時總是空。

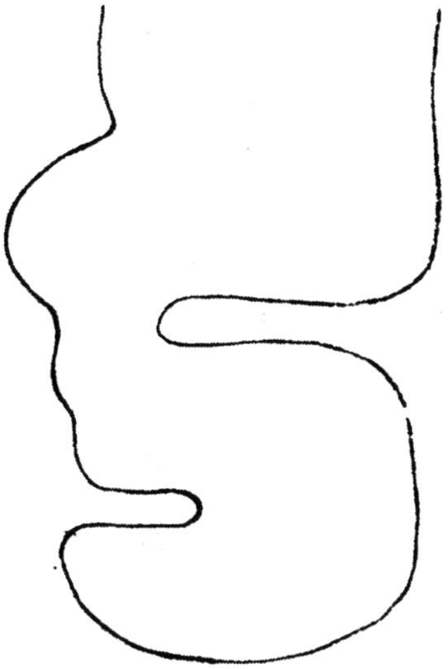

水向四角飛。浪打及風吹。雖有灣環并

停蓄。總無真結不堪棲。

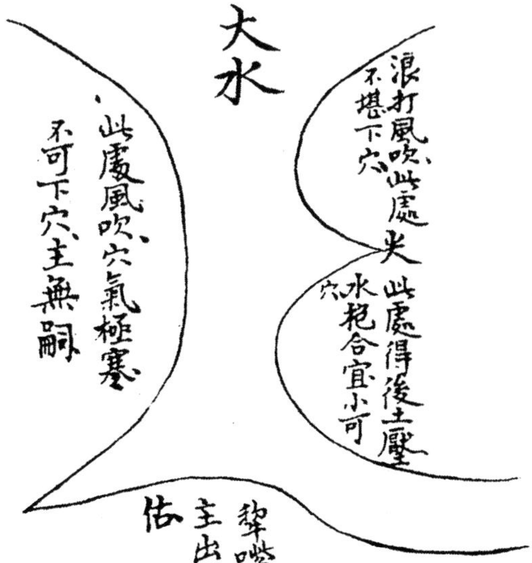

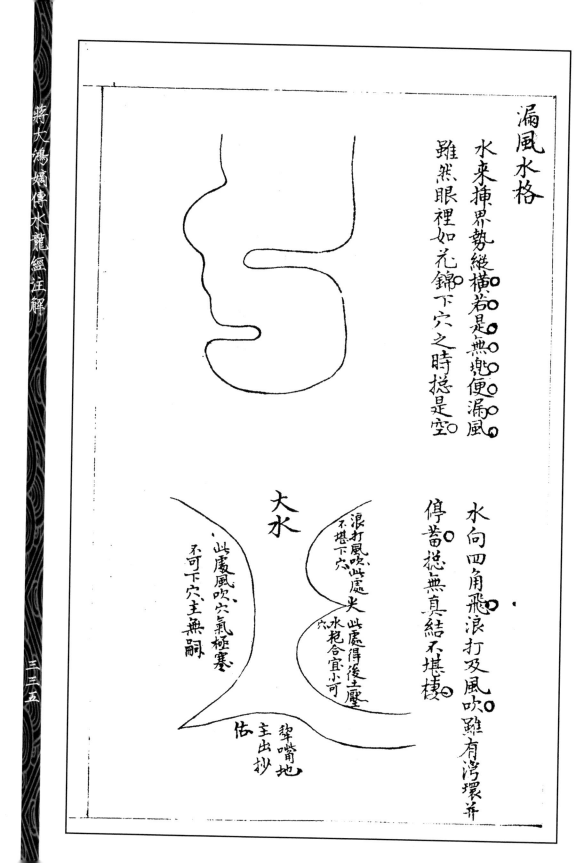

囚水格

四面水周流。其名喚作囚。運旺之時
能一發。運衰之際萬般休。吊角挨邊
猶自可。居中作穴更堪愁。時師莫說
棋盤穴。下着將軍禍到頭。

十字水格

十字行來向住居。兒孫手藝只宜屠。
雖然溫飽多成敗。定出淫娼宅已虛。

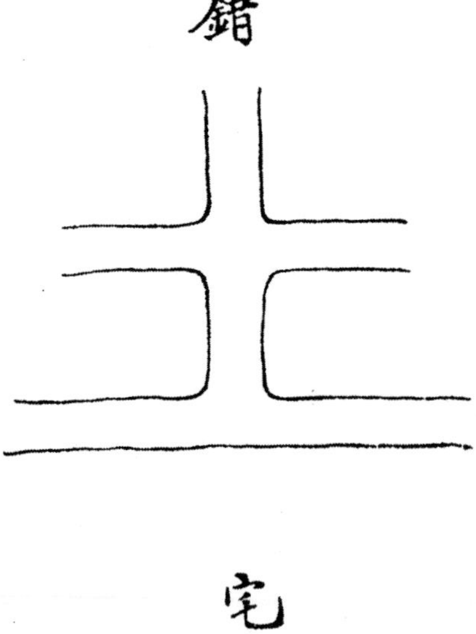

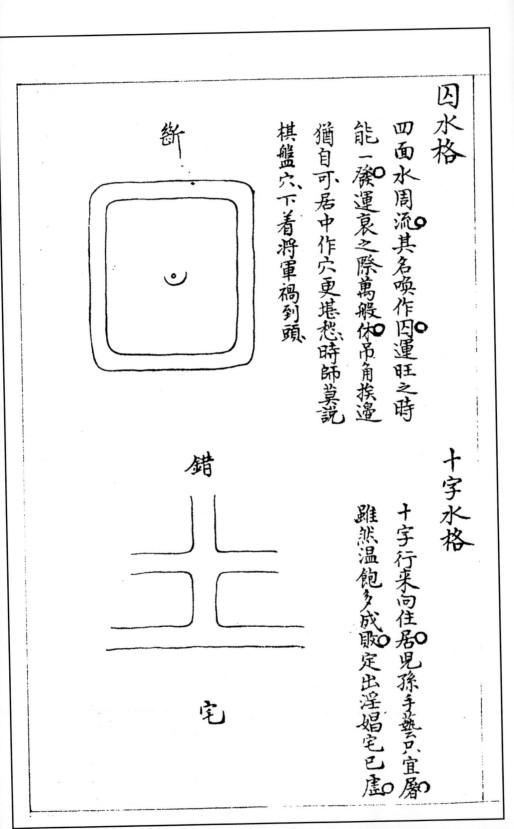

十字水格

此地不宜久居。久居日漸消磨。

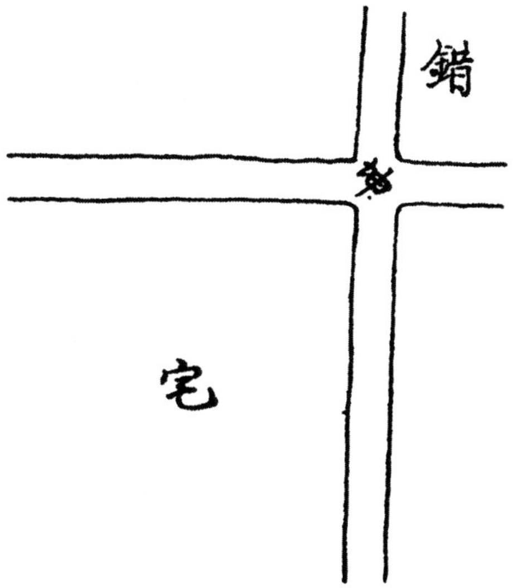

宅後青龍十字河。風衝鬼病磨。

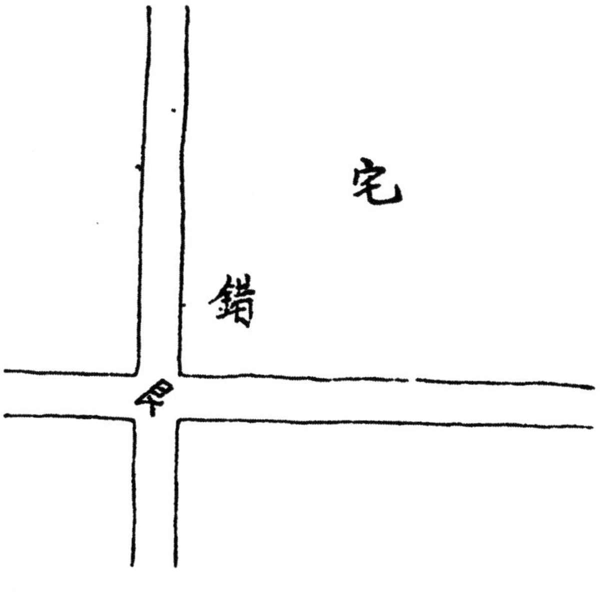

卄字水格

十字之水君莫看。卄字井字揔一般。若然市井猶堪住。獨自一家不可安。主淫乱病患破財

錯

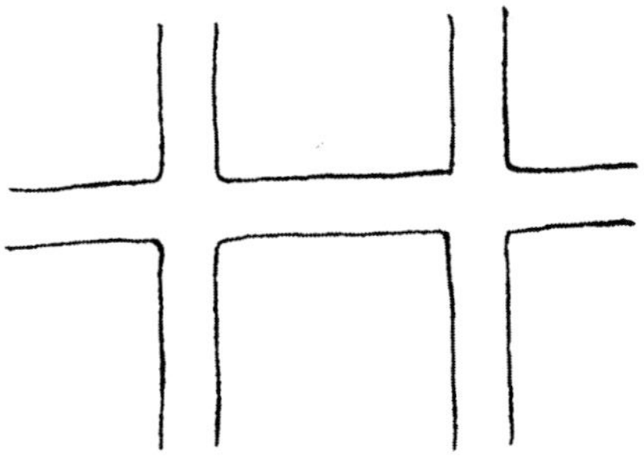

井字水格

錯

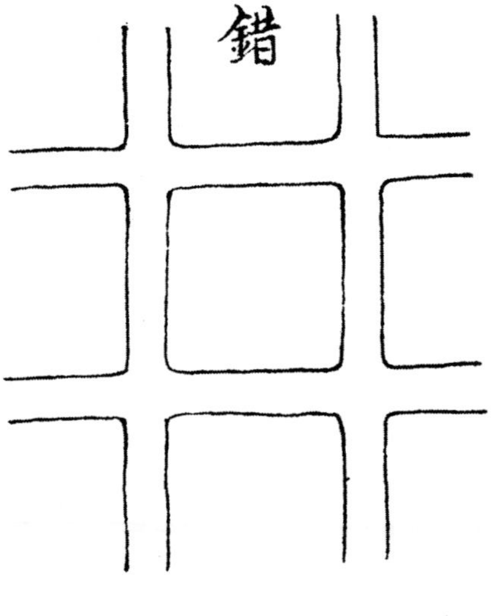

四水相朝格

迢迢四水入明堂。直射不相當。若還屈曲水迴顧。財穀應無數。

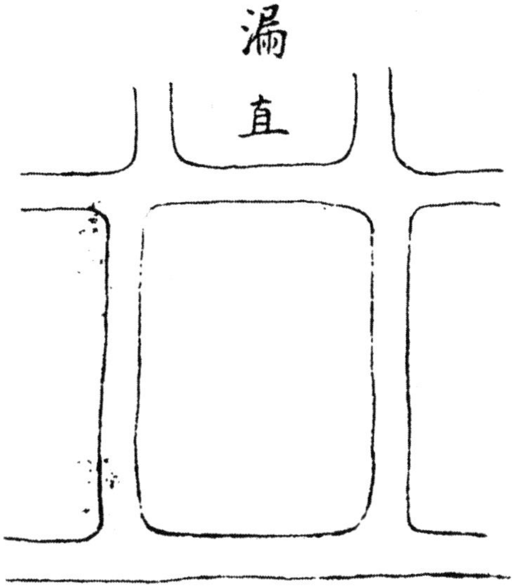

箭射格

箭水射當心。飛來大禍侵。

蔡小照堂傳

枉矢格

穿心之水又斜行。上應天文枉矢星。刀箭加身死兵賊。更兼自縊及官刑。

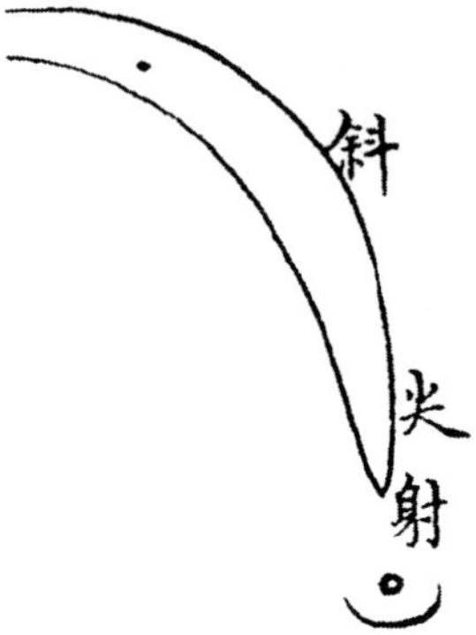

尖射格

青龍之水如鎗來。若射身旁定有災。

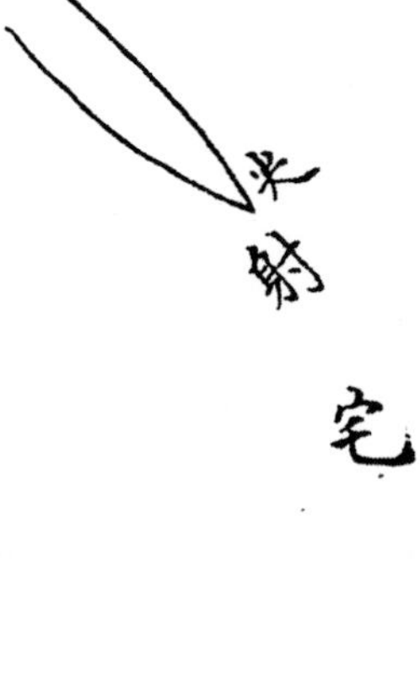

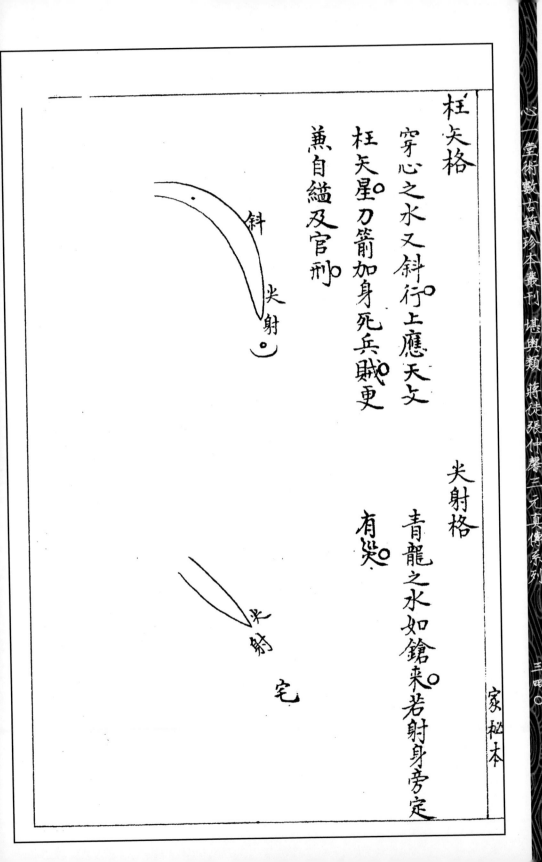

刀鎗格

水勢似刀鎗。殺人不可當。
子孫多刼盜。騎驢到法場。

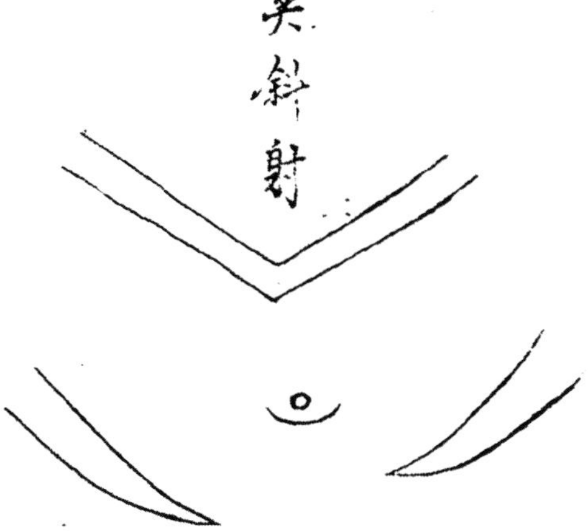

鎗形格

面前之水若尖鎗。此地見凶殃。

墓宅同凶

尖射格

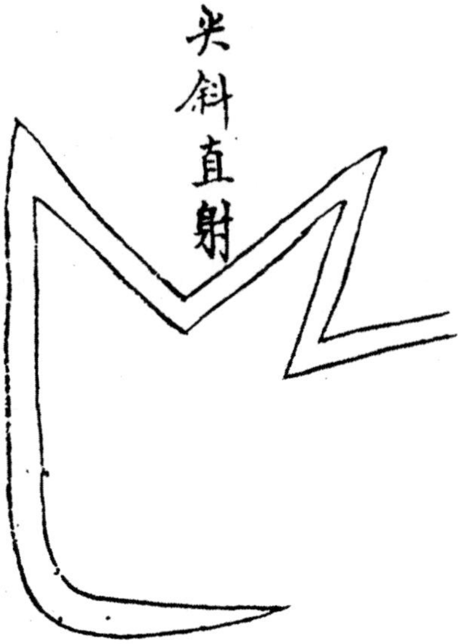

掃割水格

兩畔掃割。瘟火刑煞。
家業如湯。人口死絕。

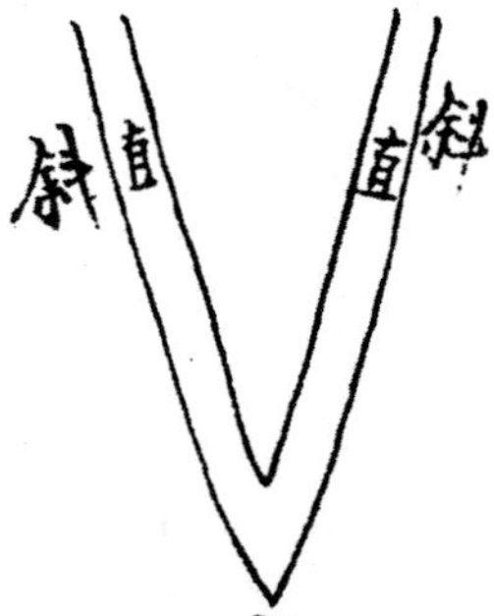

家秘本

斫割水格

前水向横直。斫割此中識。官非兵盜日日來。身作火中灰。

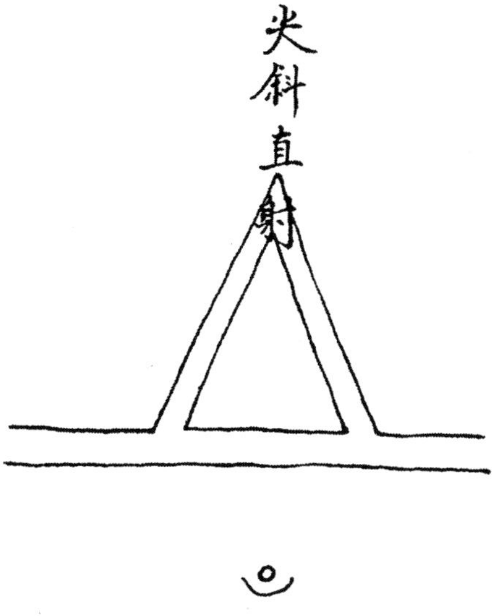

冲射割斫格

滔滔流水直衝來。認取灣灣倒處裁。不怕吉星并合卦。相逢立便見凶災。

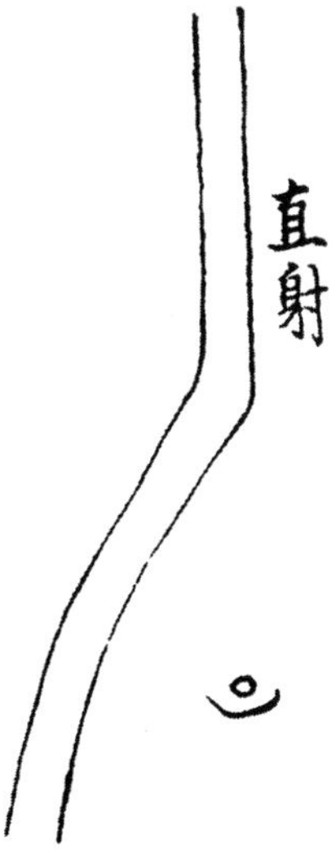

黎照堂傳

斫割水格

刀劍攢坟斫割形。此坟一莖主伶仃。
男女死亡無救助。投河自縊賊軍刑。

尖斜反射

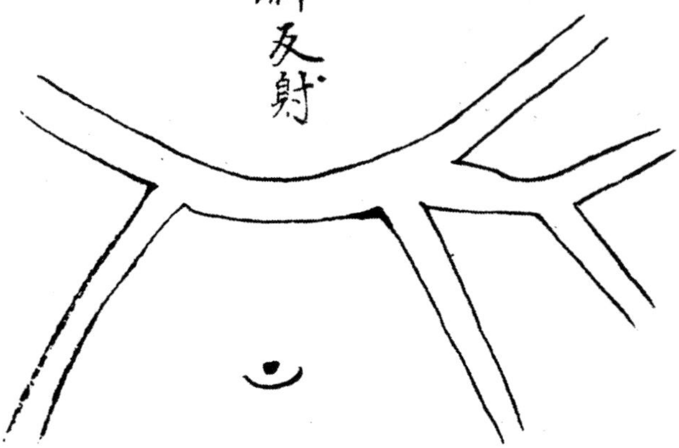

交劍水格

四劍水流名割斫。此地如刀斬。
兩邊撞射入明堂。枉死少年郎。

錯

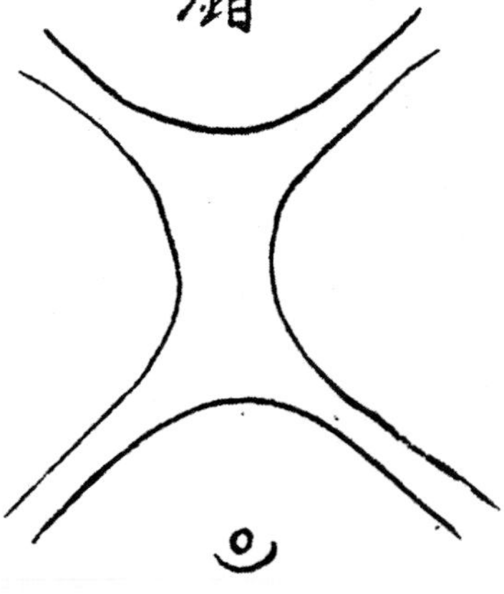

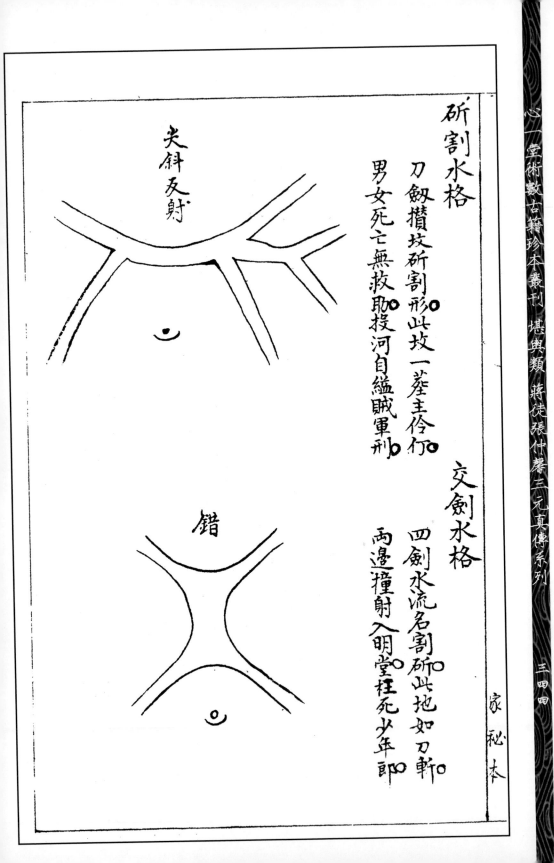

衆水射格

穴前水射是傷心。疊箭交加害更深。惡煞凶神群聚處。神仙當此也難禁。

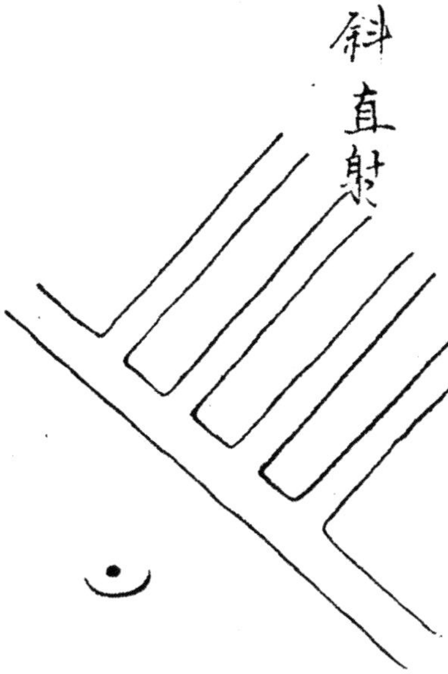

水破明堂格

水破明堂。家長難當。若不急移。疾病死亡。

明堂開口格

此水入明堂。開張去直長。
路路皆尖射刑獄并瘟癀。

去水流泥格 據圖是來水不是去水耽直長之水不論去來之皆凶也

流泥穴裡主離鄉只爲坟前去水長。
說與時師高着眼。不須憑此誤賢良。

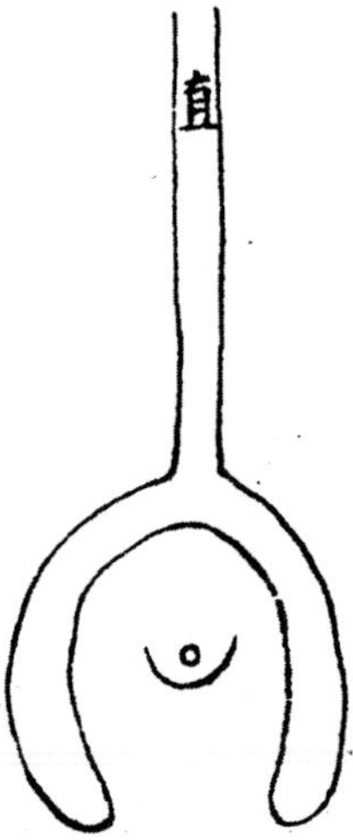

家秘本

土牛回拽格

面前水直去。雖吉穴不濟、

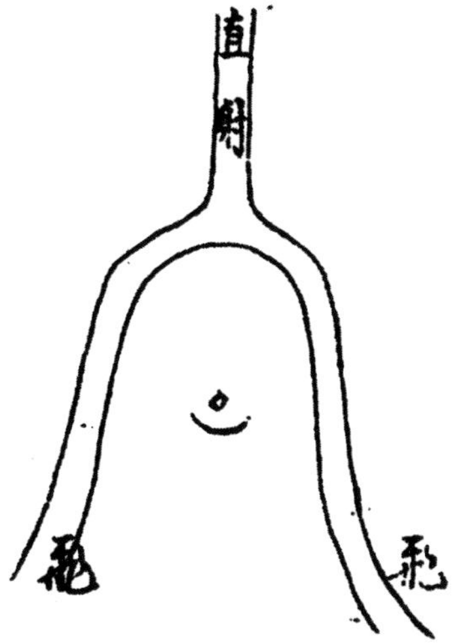

牵動土牛格、

即去水流泥格。縱有外邊繞抱。

穴主離鄉退財。

藜照堂傳

之玄水格

水来屈曲如之玄。土牛不動

穴可扦。葬後其家大發福。子

孫富貴出天然。

此原說是来前圓何以說去

歸厚錄云方葬其耳。圓葬其口。

又云見首反醜。求腹取裁。

前關水格

朱雀之水兩分開。災禍日日来。

八字水主淫

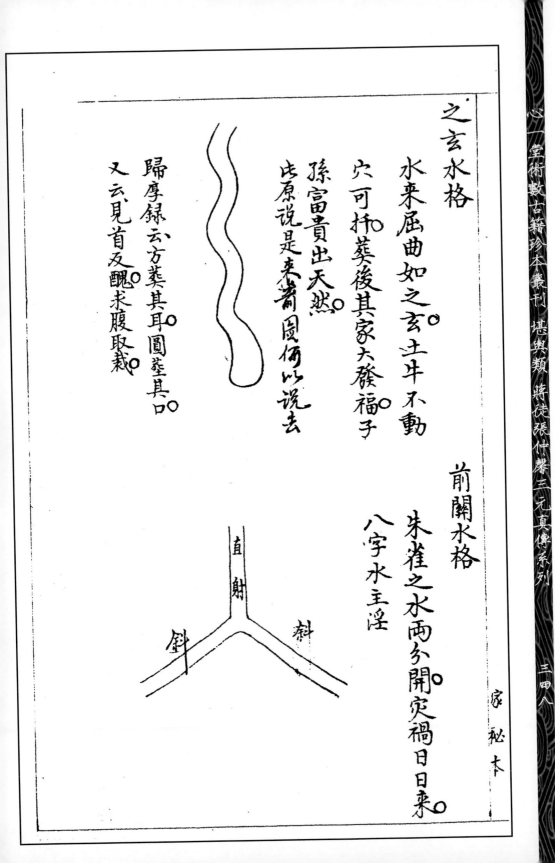

朱雀破頭格

主人口不寧、財源虛耗、

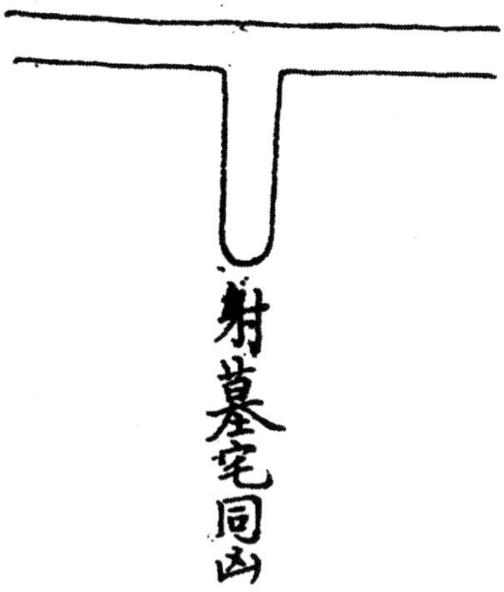

後關水反丁格

丁水損人丁。後射不安寧。

偏側猶為可。中冲宅母驚。

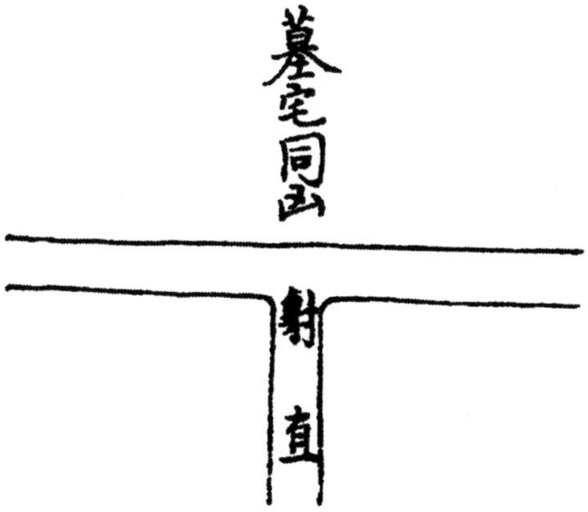

禾叉水格 又名淫慾水

前冲之水兩分流

有井當中淫不休

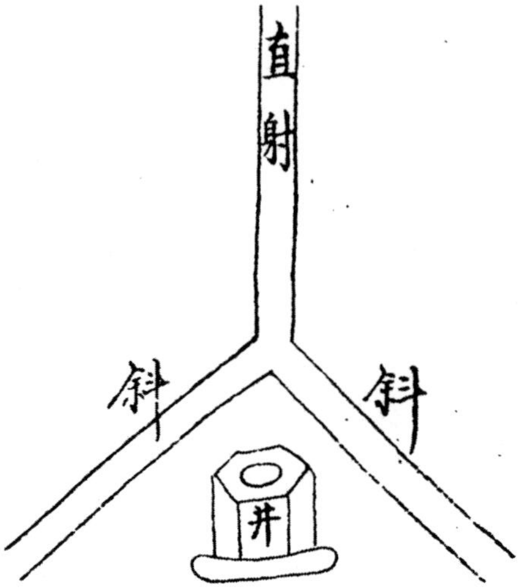

後關水格

人家宅後有関流

凶禍日無休

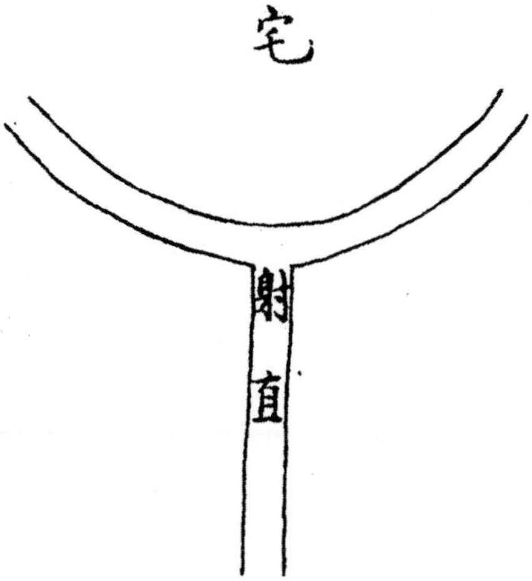

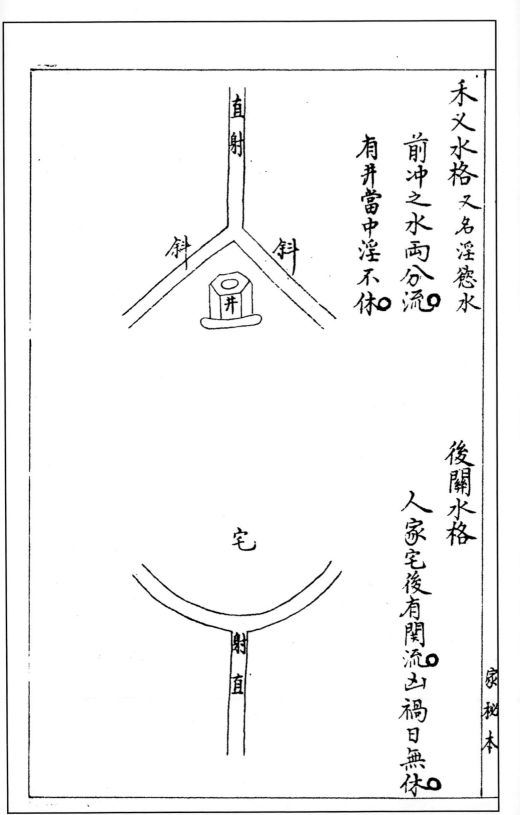

玄武吐舌格

玄武之水若沖來。其家宅母常攣哀。更兼小口多刑尅。破犯官非定損財。

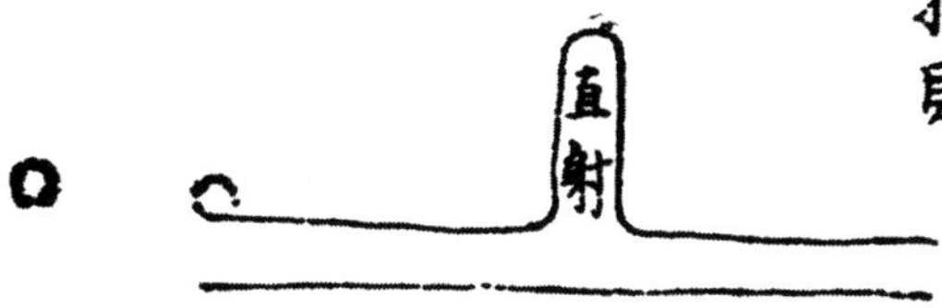

闘水格

一直水沖來。砂尖兩劈開。此名闘水格。墓宅有凶災。

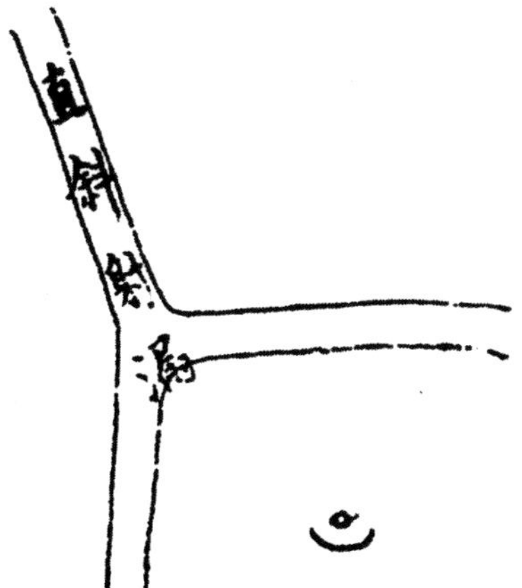

凡水相激觸者。主子孫相格戰闘而死。又出拳孪跛躃之人。

藜照堂傳

青龍呑塚格

青龍呑塚不宜觀
子孫疾病豈能安

主人頻見死亡

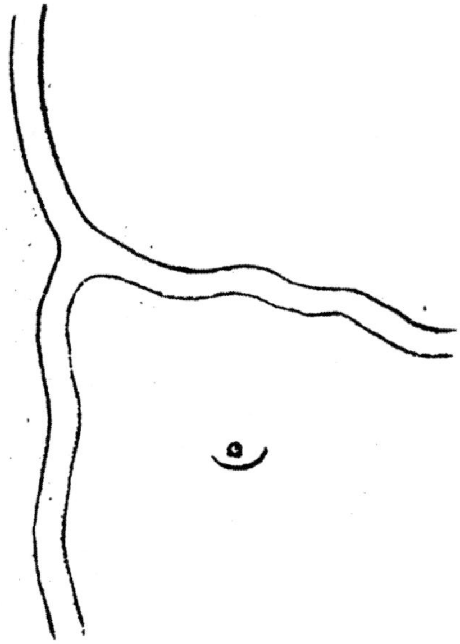

白虎啣屍格

右関一水最為灾
主有女傷胎
小房應主家財退
此法無人會

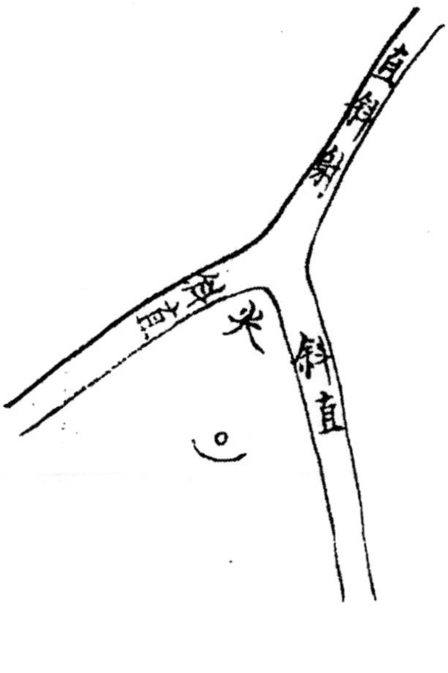

家秘本

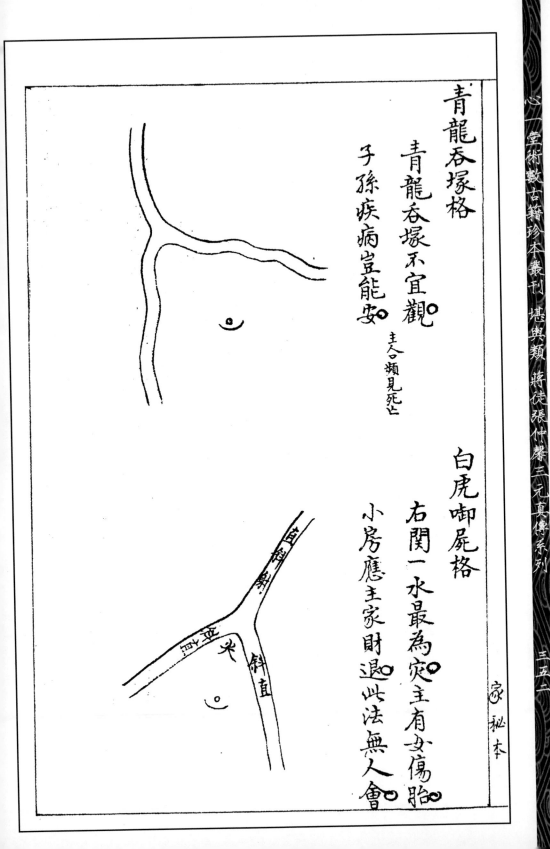

白虎啣屍格

白虎啣屍最不良。
下着兒孫豈得長。

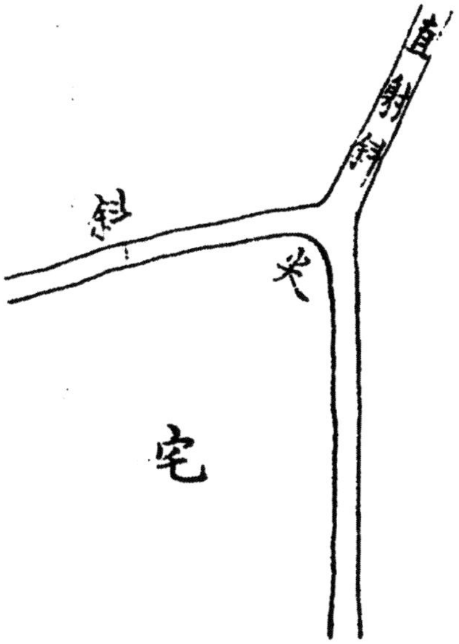

龍蛇吞併格

交加水射兩無情。
其家抄估沒人丁。

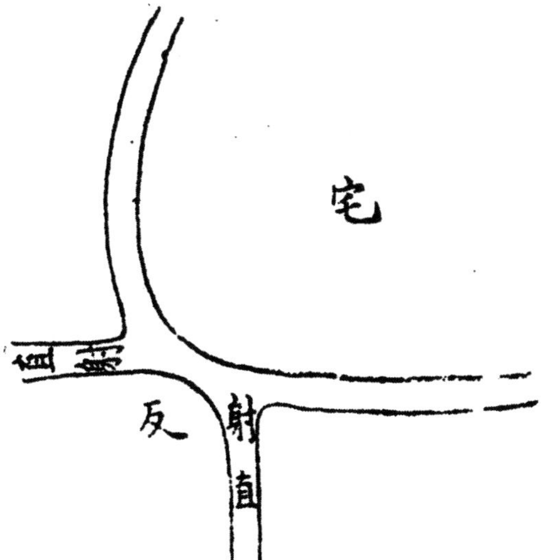

瘟関水格

前頭流水似叉斜。退散定無家。
須知此地多瘟殁。人死無埋骨。

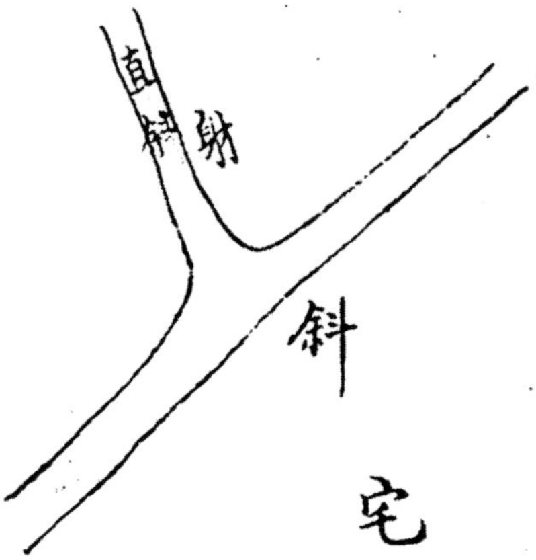

丫叉水格

邊旁若有丫叉水。
此處定無地。

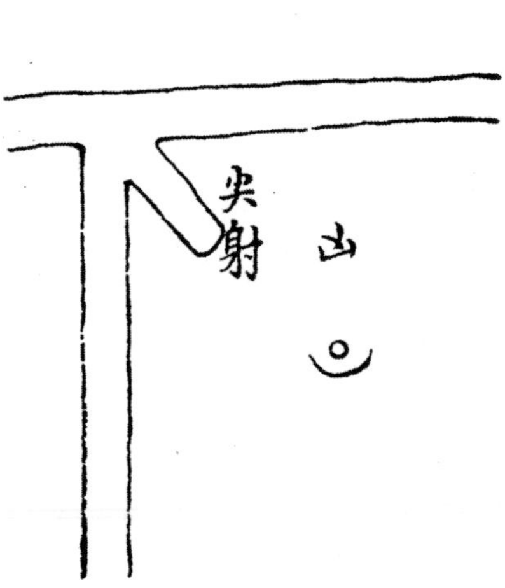

家秘本

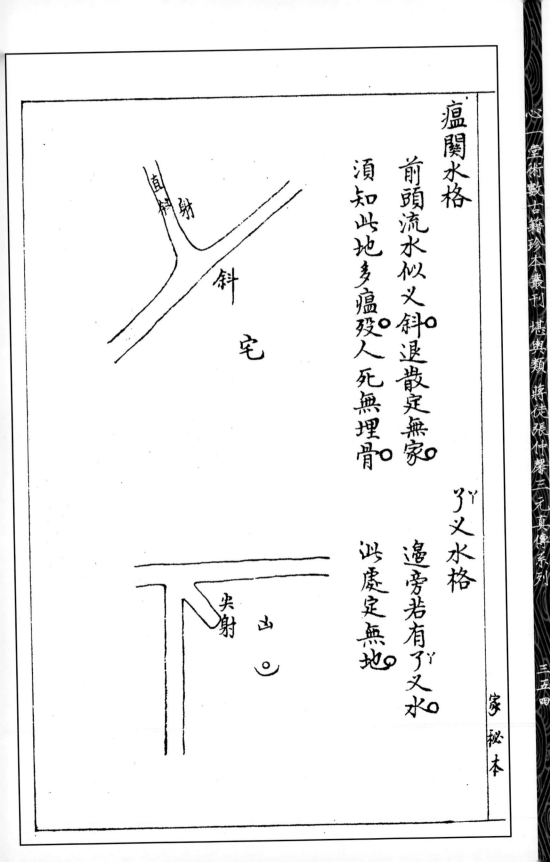

執笏格

門前有水如執笏。為官從此出。龍體有回環。方許紫衣還。

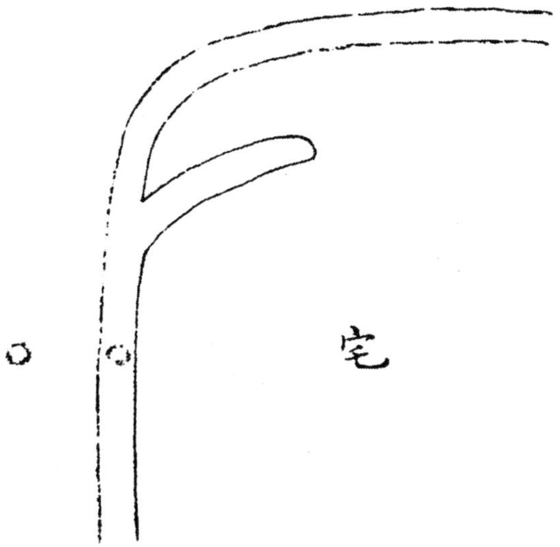

按劍格

門前一兜如按劍。武職及巡檢。

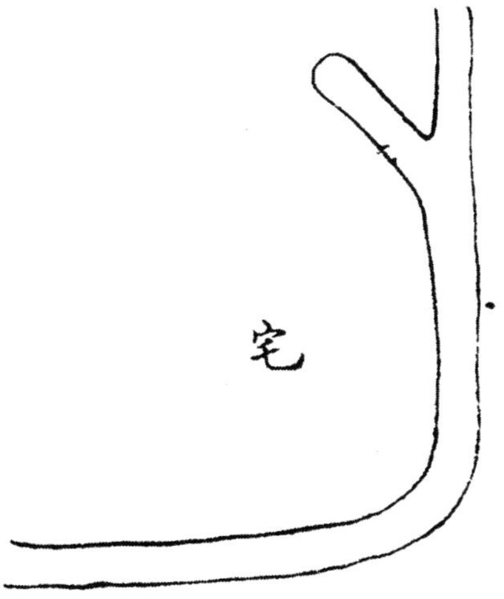

蔡照堂傳

刀鎗水格

右邊河水似刀鎗。
兒孫主殺傷。

蔣公云、此、皆、火星、爲、害。

破碎水格

破缺見火星。墓宅有憂驚。
縱然龍脉遠。亦主禍來侵。

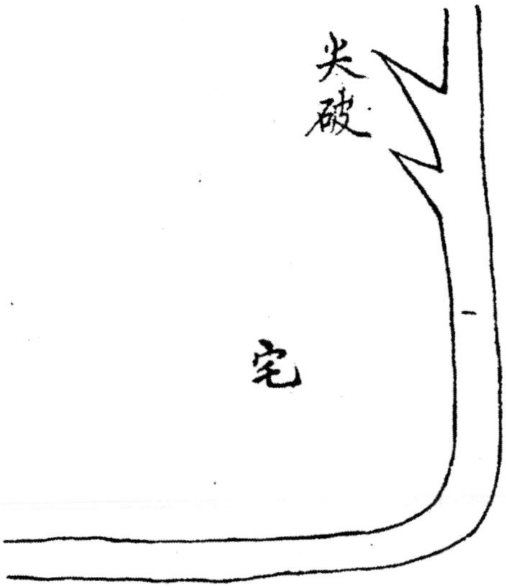

破碎水格

河岸多崩破。家中起災禍。喚作金釵帶箭形。縱然遶抱有凶刑。

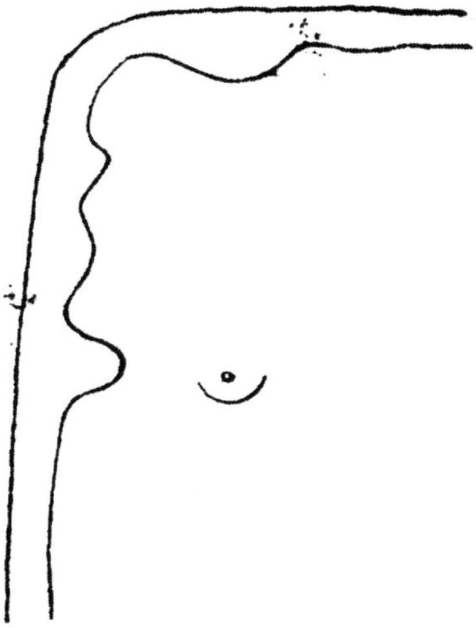

蔣公云、二式皆繞抱。水形破碎。故不吉。

兩岸河畔多破缺。官事無休歇。

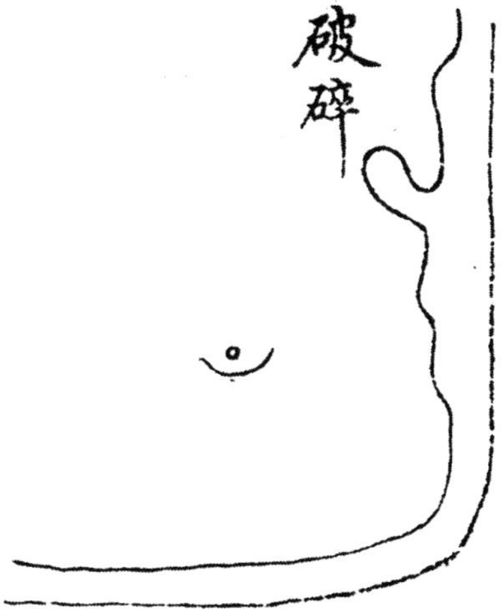

分背水格

塚背之水兩分流。財散丁稀門戶休。

凡塚背之水、分流而去、兩坑之水停滯不流、皆大不祥、

凡水四散。主產難死者。子孫衰弱伶仃。不能繼後。

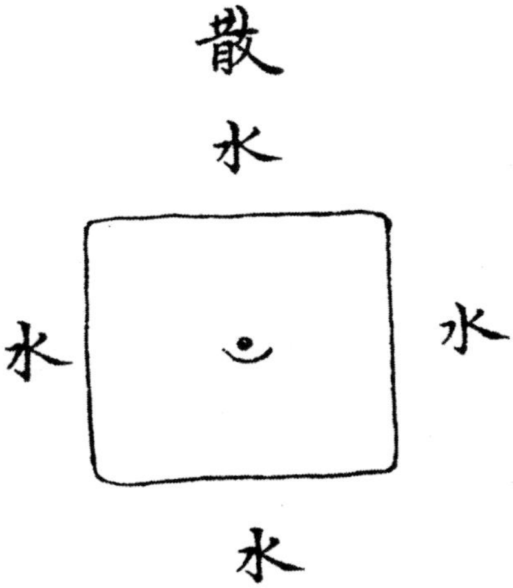

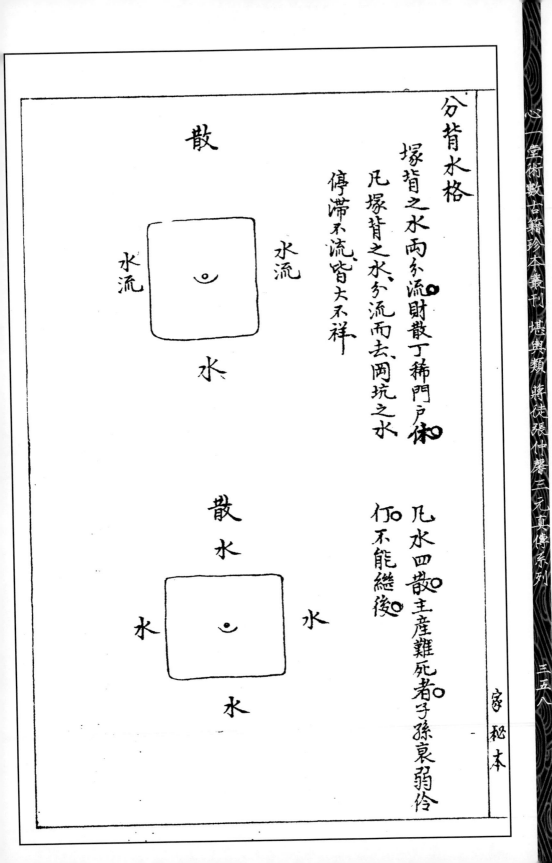

沮洳水格

沮洳之水。半濕半乾。積垢生苔。泥泥漫漫。如蝦蟇背。如牛鼻汗。非水非陸。扦之生患。子孫風狂。形神不莊。水蠱腫脚。惡疾羸尫。

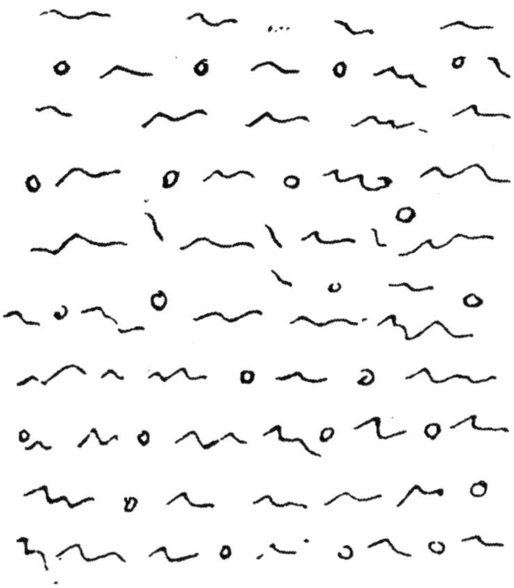

亂水格

水如敗絮。點似亂麻。扦之必禍。狂亂淫邪。

銅角水格

水形似銅角。氣拗不寬。廓尼姑巫覡及師娘賣藥走街坊。更兼氣疾跏跛足。小口多傷促。

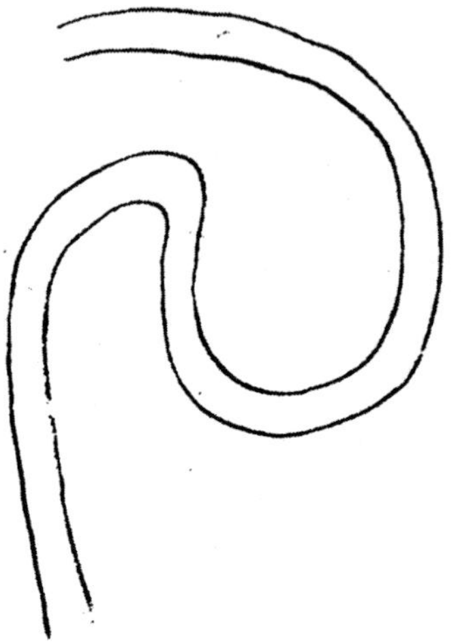

此水出師巫尼姑并藥婆、能傷小口、氣疾并跏跛

抄估格

兩頭尖。中間大。如蛇吞鼠難急下。馬腿牛蹄總一般。出人抄估家生怪。

家秘本

抄估龍格

牛臂馬腿水來冲。抄估定知縱。
不論左右并前後。貧窮及逃走。

頑

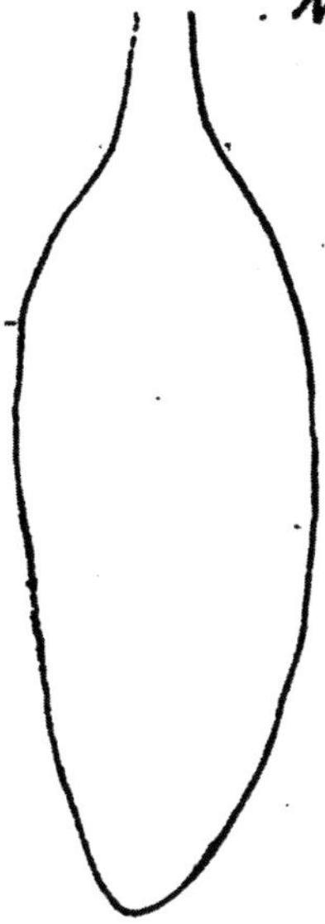

抄估之格最不良。下着主離鄉。
此形謂抄估格而出我所不詳。

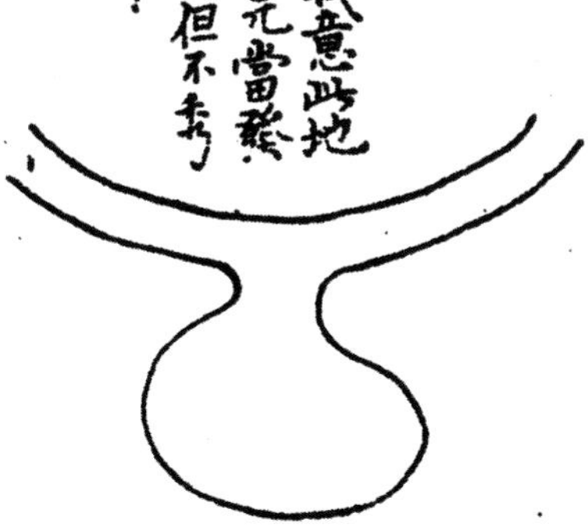

我意此地下元當發財，但不壽耳！

掃箒水格 砂形同凶

掃帚之地如走棋。或是三角或分飛。
此為徒配君休下。貧窮困苦主逃移。

淫慾地格 水形同凶

淫慾之地似鴨頭。鴨頭之地不知羞。
面前或似撒裙樣。女兒媳婦上秦樓。

家秘本

水龍中水法之不善者。曰尖曰直曰飛曰反曰斜曰射（神）曰散曰漏曰逼曰錯（交）曰碎（破）曰鬬曰斷（囚）曰頑此十四者。無論合元與否。皆謂之凶。似與洛書無涉。要之逼非居中之象。飛射斜反尖直非環拱之形。頑非宰化之機。散錯非陽正分明之義。四鬬非對待參差之數。碎漏非縱橫十五均勻齊整之規。其理亦不外於洛書也。

家秘本

占筮類

1	擲地金聲搜精秘訣	心一堂編	沈氏研易樓藏稀見易占秘鈔本
2	卜易拆字秘傳百日通	心一堂編	
3	易占陽宅六十四卦秘斷	心一堂編	火珠林占陽宅風水秘鈔本

星命類

4	斗數宣微	【民國】王裁珊	民初最重要斗數著述之一；未刪改本
5	斗數觀測錄	【民國】王裁珊	
6	《地星會源》《斗數綱要》合刊	心一堂編	失傳民初斗數重要著作
7	《斗數秘鈔》《紫微斗數之捷徑》合刊	心一堂編	失傳的第三種飛星斗數
8	斗數演例	心一堂編	珍稀「紫微斗數」舊鈔秘本
9	紫微斗數全書（清初刻原本）	題【宋】陳希夷	斗數全書本來面目；有別於錯誤極多的坊本
10－12	鐵板神數（清刻足本）——附秘鈔密碼表	題【宋】邵雍	無錯漏原版　秘鈔密碼表　首次公開！
13－15	蠢子數纏度	題【宋】邵雍	蠢子數連密碼表　打破數百年秘傳　首次公開！
16－19	皇極數	題【宋】邵雍	清鈔孤本附起例及完整密碼表　研究神數必讀！
20－21	邵夫子先天神數	題【宋】邵雍	附手鈔密碼表　研究神數必讀！
22	八刻分經定數（密碼表）	題【宋】邵雍	皇極數另一版本；附手鈔密碼表
23	新命理探原	【民國】袁樹珊	子平命理必讀教科書！
24－25	袁氏命譜	【民國】袁樹珊	
26	韋氏命學講義	【民國】韋千里	民初二大命理家南袁北韋
27	千里命稿	【民國】韋千里	北韋之命理經典
28	精選命理約言	【民國】韋千里	
29	滴天髓闡微——附李雨田命理初學捷徑	【民國】袁樹珊、李雨田	命理經典未刪改足本
30	段氏白話命學綱要	【民國】段方	民初命理經典最淺白易懂
31	命理用神精華	【民國】王心田	學命理者之寶鏡

編號	書名	作者	說明
32	命學探驪集	【民國】張巢雲	發前人所未發 稀見民初子平命理著作
33	澹園命談	【民國】高澹園	
34	算命一讀通——鴻福齊天	【民國】不空居士、覺先居士合纂	
35	子平玄理	【民國】施惕君	
36	星命風水秘傳百日通	心一堂編	
37	命理大四字金前定	題【晉】鬼谷子王詡	源自元代算命術
38	命理斷語義理源深	心一堂編	稀見清代批命斷語及活套
39－40	文武星案	【明】陸位	失傳四百年《張果星宗》姊妹篇 千多星盤命例 研究命學必備
相術類			
41	新相人學講義	【民國】楊叔和	失傳民初白話文相術書
42	手相學淺說	【民國】黃龍	民初中西結合手相學經典
43	大清相法	心一堂編	重現失傳經典相書
44	相法易知	心一堂編	
45	相法秘傳百日通	心一堂編	
堪輿類			
46	靈城精義箋	【清】沈竹礽	沈氏玄空遺珍 玄空風水必讀
47	地理辨正抉要	【清】沈竹礽	
48	《玄空古義四種通釋》《地理疑義答問》合刊	沈瓞民	
49	《沈氏玄空吹虀室雜存》《玄空捷訣》合刊	【民國】申聽禪	
50	漢鏡齋堪輿小識	【民國】查國珍、沈瓞民	
51	堪輿一覽	【清】孫竹田	失傳已久的無常派玄空經典
52	章仲山挨星秘訣（修定版）	【清】章仲山	章仲山無常派玄空珍秘 門內秘本首次公開
53	臨穴指南	【清】章仲山	沈竹礽等大師尋覓一生末得之珍本！
54	章仲山宅案附無常派玄空秘要	心一堂編	
55	地理辨正補	【清】朱小鶴	玄空六派蘇州派代表作
56	陽宅覺元氏新書	【清】元祝垚	簡易・有效・神驗之玄空陽宅法
57	地學鐵骨秘　附　吳師青藏命理大易數	【民國】吳師青	釋玄空廣東派地學之秘
58－61	四秘全書十二種（清刻原本）	【清】尹一勺	玄空湘楚派經典本來面目 有別於錯誤極多的坊本

62	地理辨正補註 附 元空秘旨 天元五歌 玄空精髓 心法秘訣等數種合刊	【民國】胡仲言	貫通易理、巒頭、三元、三合、天星、中醫
63	地理辨正自解	【清】李思白	公開玄空家「分率尺、工部尺、量天尺」之秘
64	許氏地理辨正釋義	【民國】許錦灝	民國易學名家黃元炳力薦
65	地理辨正天玉經內傳要訣圖解	【清】程懷榮	秘訣一語道破，圖文并茂
66	謝氏地理書	【民國】謝復	玄空體用兼備、深入淺出
67	論山水元運易理斷驗、三元氣運說附紫白訣等五種合刊	【宋】吳景鸞等	失傳古本《玄空秘旨》《紫白訣》
68	星卦奧義圖訣	【清】施安仁	
69	三元地學秘傳	【清】何文源	三元玄空門內秘笈 清鈔孤本 過去均為必須守秘不能公開秘密 與今天流行飛星法不同
70	三元玄空挨星四十八局圖說	心一堂編	
71	三元挨星秘訣仙傳	心一堂編	
72	三元地理正傳	心一堂編	
73	三元天心正運	心一堂編	
74	元空紫白陽宅秘旨	心一堂編	
75	玄空挨星秘圖 附 堪輿指迷	心一堂編	
76	姚氏地理辨正圖說 附 地理九星并挨星真訣全圖 秘傳河圖精義等數種合刊	【清】姚文田等	
77	元空法鑑批點本——附 法鑑口授訣要、秘傳玄空三鑑奧義匯鈔 合刊	【清】曾懷玉等	蓮池心法 玄空六法 門內秘鈔本首次公開
78	元空法鑑心法	【清】曾懷玉等	
79	曾懷玉增批蔣徒傳天玉經補註【新修訂版原（彩）色本】	【清】項木林、曾懷玉	
80	地理學新義	【民國】俞仁宇撰	
81	地理辨正揭隱（足本）附連城派秘鈔口訣	【民國】王邈達	揭開連城派風水之秘
82	趙連城傳地理秘訣附雪庵和尚字金	【明】趙連城	
83	趙連城秘傳楊公地理真訣	【明】趙連城	
84	地理法門全書	仗溪子、芝罘子	巒頭風水，內容簡核、深入淺出
85	地理方外別傳	【清】熙齋上人	巒頭形勢、「望氣」「鑑神」
86	地理輯要	【清】余鵬	集地理經典之精要
87	地理秘珍	【清】錫九氏	巒頭、三合天星，圖文並茂
88	《羅經舉要》附《附三合天機秘訣》	【清】賈長吉	清鈔孤本羅經、三合訣法圖解
89-90	嚴陵張九儀增釋地理琢玉斧巒	【清】張九儀	清初三合風水名家張九儀經典清刻原本！